U0636746

# 30天

吴光华 / 著

# 成为卓越产品经理

电子工业出版社

Publishing House of Electronics Industry

北京·BEIJING

## 内 容 简 介

在整个软件行业里，不论是产品经理、项目经理、需求分析师、架构师、开发人员、测试人员、运维人员，还是公司的负责人，即产品线上负责各个业务的人，都应该注重提升自己的软件逻辑思维，因为只有站在不一样的高度才能看到不一样的风景。本书是一本让你打开产品思维的书，其中讲述了软件产品经理所必备的技能，主要内容包括产品及产品经理介绍、心理学与产品思维、产品定位、需求分析、产品设计思想。另外，在本书的最后还列举了 3 个产品案例，以便帮助读者加深理解。

本书适合所有 IT 行业的从业者阅读。整本书通俗易懂，从各角度解读了各种概念，并结合一定的实例进行介绍，不论是入门者还是具有多年产品经验的"老鸟"，相信本书或多或少都会为你带来一定的帮助。

未经许可，不得以任何方式复制或抄袭本书之部分或全部内容。

版权所有，侵权必究。

**图书在版编目（CIP）数据**

30 天成为卓越产品经理 / 吴光华著. —北京：电子工业出版社，2017.10
ISBN 978-7-121-31880-1

Ⅰ. ①3… Ⅱ. ①吴… Ⅲ. ①企业管理－产品管理 Ⅳ. ①F273.2

中国版本图书馆 CIP 数据核字(2017)第 131009 号

责任编辑：王　静
印　　刷：三河市华成印务有限公司
装　　订：三河市华成印务有限公司
出版发行：电子工业出版社
　　　　　北京市海淀区万寿路 173 信箱　邮编 100036
开　　本：720×1000　1/16　印张：14.25　字数：236 千字　彩插：1
版　　次：2017 年 10 月第 1 版
印　　次：2017 年 10 月第 1 次印刷
定　　价：59.00 元

凡所购买电子工业出版社图书有缺损问题，请向购买书店调换。若书店售缺，请与本社发行部联系，联系及邮购电话：(010) 88254888，88258888。
质量投诉请发邮件至 zlts@phei.com.cn，盗版侵权举报请发邮件至 dbqq@phei.com.cn。
本书咨询联系方式：010-51260888-819，faq@phei.com.cn。

# 前 言 ————————————————

## 这是一本什么书

这不是一本可以通解所有产品知识的书，这是一本让你打开产品思维的书。在写本书前，我一直在想，应该写一本什么样的书才能与众不同呢？市面上已经有很多关于产品基础知识类的书籍了，如果继续写这样的内容，就变成了同质化竞争。就如同各种 Java 入门、Java 宝典一类的书籍，内容大同小异。做产品就应该在红海中寻找差异化，这样才能创造出不一样的蓝海，写书也是一样的。希望这本书能像夏天的风那样给你送去一份清凉，为你的产品思维撬开一道缝隙，让你的脑洞大开，引出思想的洪流。本书是一本有血有肉、有情感、引人共鸣的产品思维书。

## 每一件产品都是艺术品

我认为一件软件产品就像一件艺术品，所有的产品人都是创造艺术的巨匠。软件的发展史就是计算机的发展史，从单机时代到网络时代，从平台化产品到移动化产品，软件行业在不断引领时代，也在不断适应时代；软件产品就是当今最杰出的艺术品，它有着最精细的工艺、最完美的设计、最实用的价值。试想，如果产品无比粗陋，只能满足客户的基本需求，那么这样的产品能走得更远吗？作为产品人，我们应该有更高的追求，要把产品当成艺术品来完成。

## 至繁归于至简

那么，什么样的产品才算是艺术品式的产品呢？这就不得不提到伟大的产品艺术家——乔布斯。乔布斯的口号就是"活着就是为了改变世界！"

产品是我们改变世界的工具，汽车和飞机改变了人们的时间和空间，影像和存储改变了人们的视觉和记忆，互联网和手机改变了人们的生活方式。产品是一种思考、一种工艺，如今提起伟大的产品人，就像提起鲁班、毕昇一样，人们带着崇敬和向往。世界上不存在可以轻而易举得到的蓝海，只有当产品做到尽善尽美，这片蓝海才会跃然纸上。当乔布斯推出 iPod 和 iPhone 时，MP3 播放器和手机市场早已是一片红海，但我们仍然惊喜地将之称为"发明"。为什么？这就是将产品做到极致、改变产品体验的魅力。我们期待在中国诞生出越来越多像乔布斯一样的产品经理、产品发明者。从人类的行为模式来分析，人们本性上更关注的是结果、目标，而不是复杂、困惑、不确定、费力思考的过程。如果有一个非常简单、明确的过程，让你达到目标，这不是一件很美妙的事情吗？有人提出产品的顶级设计标准是"不要让用户想，不要让用户烦，不要让用户等"，这就是产品人追求的目标。不要让用户思考，同时还要把自己切换成这样的角色，才可能设计出这样的产品。让我们一起追求这样的极限美吧！大智若愚，大繁若简，让产品简单到无须用户思考，便是产品设计工艺的最重要原则：至繁归于至简。

## 本书适合谁

在整个软件行业里，不论是产品经理、项目经理、需求分析师、架构师、开发人员、测试人员、运维人员，还是公司的负责人，即产品线上负责各个业务的人，都应该注重提升自己的软件逻辑思维，只有站在不一样的高度才能看到不一样的风景。本书适合 IT 行业的所有从业者阅读。整本书通俗易懂，从各角度解读了各种概念，并结合一定的实例进行介绍，不论是入门者还是具有多年产品经验的"老鸟"，相信本书或多或少都会为你带来一定的帮助。

当然，理想很丰满，现实很骨感，如果你觉得这本书还不错，请推荐给你的朋友；如果你感觉哪里还有欠缺，请跟我联系。愿更多对产品感兴趣、愿意为中国产品事业付出的 IT 人一起参与，为制造出更好的中国产品而努力。

当你开启这本书时，将会开启不一样的思维之旅，希望它真的能给你带来一些思维上的革命。

作　者

轻松注册成为博文视点社区用户（www.broadview.com.cn），扫码直达本书页面。

- **提交勘误：** 您对书中内容的修改意见可在 *提交勘误* 处提交，若被采纳，将获赠博文视点社区积分（在您购买电子书时，积分可用来抵扣相应金额）。
- **交流互动：** 在页面下方 *读者评论* 处留下您的疑问或观点，与我们和其他读者一同学习交流。

页面入口：http://www.broadview.com.cn/31880

# 目　录

# 第 1 阶段

# 走近产品及产品经理

## 第 1 天   产品、产品经理与项目经理

### 什么是产品

什么是产品？随着中国经济的增长、网络的发展，产品经理这个职位也更多地被人们所认知、熟悉，并且这个职位的薪水也水涨船高，想要了解、学习产品知识的人也开始多起来。要想成为一名合格的产品经理，首先就要知道什么是产品。本书所说的产品主要是指**软件产品**。

**软件产品**是服务于某类通用行业，没有商业开发合同，为某类人群而开发的软件系统，它针对的是某类市场人群而并非具体的某个人或企业。

**软件项目**是指在与客户签订合同的前提下，根据客户的要求为客户进行定制化开发软件，软件项目的需求来源于客户方。

各行业都有自己的产品，如饮料行业根据客户人群将饮料产品细分为运动功能性饮料（如红牛、脉动）、茶类饮料（如冰红茶、绿茶、加多宝）、碳酸类饮料（如可口可乐、非常可乐）、植物蛋白类饮料（如露露、六个核桃）等。饮料行业的产品可以按用户群体、用户习惯、营养类别、地域情况，甚至用户性别细分。软件产品行业也一样，要想做好一款产品，定位是非常重要的。产品服务的行业、目标用户的分类、用户的特点、用户的购买力、用户的行为、用户的社交网络、用户的心理特征、用户的兴趣爱好、用户的需求、用户的使用场景等，都是在产品定位时要考虑到的，只有做好产品定位才能更好地为用户画像（见下图）。

（饮料产品分类）

（用户画像一）

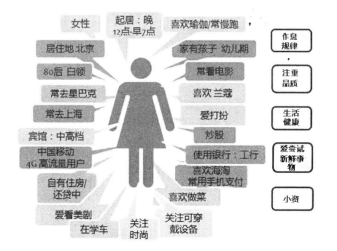

（用户画像二）

产品经理要研究用户的性格特点、年龄层次、地域范围、生活习惯、行动轨迹、爱好、作息规律、生活品质、健康状态等。对用户研究得越透彻，对产品的定义就越精准，这样设计出的产品才会更有灵性，用户才愿意用、喜欢用。

## 知识点

**软件产品**：服务于某类通用行业，没有商业开发合同，为某类市场人群而开发的软件系统，它针对的是某类市场人群而并非具体的某个人或企业。

**软件项目**：在与客户签订合同的前提下，根据客户的要求为客户定制化开发软件，软件项目的需求来源于客户方。

**产品定位**：即产品在用户心目中的形象和地位。做产品前要为产品做好定位，即明确产品要服务于哪个行业，服务的用户是谁，解决用户哪方面的问题。

**用户画像**：为产品定位后就要确定产品服务的用户群体，用户群体所具有的普遍情况就是用户画像，如用户的性格特点、年龄层次、地域范围、生活习惯、行动轨迹、爱好等。

**产品需求**：产品需求是目标用户提出的需要解决的问题，确定目标用户后就要做好调研以获取产品需求，产品以服务于用户、解决用户需求来获取成功。

## 项目经理与产品经理的区别

每个人心中都有一个江湖，每个人对江湖的理解也各不相同，心有多大，江湖就有多大。那么**项目经理与产品经理的江湖是什么样的？**

谈到项目经理与产品经理，很多人都弄不清楚两者到底有什么区别。自从有了软件项目就有了项目经理，项目经理的定义还是比较清晰的。而产品经理到底是做什么的？每个人的回答也各不相同，不同的公司对产品经理的定位也是不一样的。有的人说，产品经理是研究用户需求的；有的人说，产品经理是做设计的；有的人说，产品经理是梳理分析的需求并做交互设计的；还有的人说，产品经理是一群侃大山的人。

要了解项目经理和产品经理的工作范围和差别，得先从项目与产品的差别说起。

软件产品不是为指定的某一个客户而定制的，一般没有商业开发合同，它是为某类市场人群而开发的具有通用性的软件系统。软件产品针对的是某类市场人群而并非具体的某个人或企业。

软件项目是在与客户签订合同的前提下，根据客户的需求定制化开发的软件系统，软件项目以指定客户需求为基础，不会加入太多开发者自己的思想。

与客户签订项目合同后，接下来登场的就是项目经理了。项目经理要与客户沟通，理解需求，控制进度，管理成本、质量、风险、采购……要参与项目的整个生命周期。自项目成立以后，项目经理就是团队的核心及领导者，是项目成败的关键，而项目的生命周期以将成果交付给客户为结束标志。产品经理也要参与产品的整个生命周期，产品的生命周期比较长，会经历产品的生产、发展、成熟、衰亡整个过程。

了解了项目与产品的区别，那么项目经理与产品经理的区别就清晰了，具体介绍如下。

### 1. 客户群体不同

项目经理针对的是一个客户或一家公司，需求是由客户提出来的，只要能满足客户的需求并且将产品成功上线，项目就算成功了，项目经理关注的是单个用户。

产品经理的需求来源于市场和目标用户群，为目标用户群服务，产品的成功与否由市场决定。

### 2. 利润与风险不同

项目经理负责的是指定的项目，项目合同签订后客户付首款，项目成功结束后结尾款。

项目的利润＝合同金额－项目成本－其他开销，利润有限，但风险比较小。

产品经理负责的是目标市场，用户群大，产品方向很难控制和把握。如果产品能够成功，则回报也相对丰厚。如果产品失败了，则前期投入的费用都会付之东流。

### 3. 生命周期不同

从理论上说，项目开发完并成功交付给客户后，项目就算结束了，除非客户有额外的维护要求。项目经理的工作是临时性的，项目成功交付后项目团队就会被解散。

而产品是持续的，产品刚开始上线的版本一般都是 Beta 版，用来了解市场的反应、收集用户的反馈，为产品的下一次升级做准备。只要产品的生命周期没结束，就会一直迭代下去。

### 4. 开发方式不同

项目经理一般强调的是快速、灵活，经常采用敏捷的开发方式，通过原型来不断地完善用户的需求。项目的开发流程也不固定，为了实现快速开发，有时会将需求、设计及开发工作穿插进行。项目经理在管理项目时，需要与客户频繁接触，以便能够很好地了解用户的需求，也易于获取客户的认可。如果项目失败，则往往不是技术的原因，而多是因为项目经理与客户之间缺乏信任。

产品经理在管理产品的过程中，需要经过定义产品，进行可行性研究，了解用户的需求，以及设计、开发、测试等严格的过程，周期会比较长，开发的各个步骤会严格执行软件工程思想，并且为了便于产品后期的升级迭代，每个步骤都会留有相关文档。如果产品失败了，则多是因为市场定位不准确，市场推广能力不足。

### 5. 技能要求不同

项目的承接方大多是缘于熟人关系，互相之间有一定的信任度，项目经理在管理整个项目的过程中只要维护好客户关系并成功完成项目就算是成功完成任务了。项目经理多是进行内部管理，对综合技能的要求不高，但对软件技能的要求会比较高。

而产品是服务于生人市场，只有产品质量过硬，确实能解决用户的痛点，用户才会购买。产品经理要多研究用户的行为，多关注竞争对手的产品。产品经理一般需要协调各部门联合实施产品开发，需要有较强的管理、协调、沟通、设计等综合能力。

项目经理应是软件项目开发的专才，对软件开发的技能要求较高；产品经理应是软件产品方面的全才，对软件开发技能的要求不高。

### 6. 沟通的对象不同

项目经理大多需要与客户及项目团队内部成员进行沟通，只要客户配合、公司支持、团队内部成员团结一致，项目基本上就能比较好地完成。

产品经理沟通的对象会比较多，需要与目标用户、领导、其他部门的相关同事（运营部门、市场部门等）、部门内部相关人员进行沟通，沟通的维度会更多，难度会更大。

### 7. 出身不同

项目经理大多是从开发团队中提拔的，因为他们更了解开发、更懂开发人员。项目经理遇到的问题更多的是技术问题，当团队成员有技术问题解决不了时，或者有技术难关需要攻关时，往往需要项目经理出面解决，技术能力是项目经理需要具备的最重要的能力。

而产品经理的出身就比较复杂了，笔者经常被问到的问题就是："不懂技术能做产品经理吗？"有的产品经理是技术出身，有的是设计出身，有的是运营出身，还有的是业务出身。他们在做产品经理之前的身份形形色色，但就是因为出身不同，产品才会有着不同的光彩，有着不一样的传奇，正所谓"英雄不问出处"。

### 8. 工作方式不同

项目经理面对的需求都是由客户方提供的，只要按对方的要求把事情做好就可以了。项目经理多是"做事"，思考性的工作更多地由对方来完成，因为项目经理要"把事情做正确"，脑力劳动相对要少一些。

产品经理的工作多是从无到有的过程，产品从最初的定位、需求到设计都需要产品经理来收集、分析。产品多为市场化的产物，每一个失败的产品都会为此付出沉重的代价，因此产品经理要做"正确的事情"，要付出更多的脑力劳动（见下图）。

项目经理：靠做，把事情做正确　产品经理：靠想，做正确的事情

各家公司对产品经理的定位都不同，有的公司会让产品经理与项目经理配合，产品经理在这样的团队中多是做与客户沟通以及与需求和设计相关的工作，而项目经理管理技术团队，负责开发工作。还有的公司将项目经理与产品经理的职责集成在一人身上，除负责整个产品的管理、沟通、汇报、需求外，还需要带着团队成员进行设计（不仅包括交互设计，还包括架构设计、数据库设计、服务器部署设计）、把控开发团队及测试团队以及进行各种成果（文档、源码等）的编写和输出，他们除了没有亲自编码外，其他的工作都会参与。

不论企业如何定位，产品经理都得是一位复合型人才——文能提笔安天下，武能上马定乾坤，否则产品经理一定会因为某一处短板而受制。

## 第 2 天　成为优秀的产品经理

### 优秀的产品经理需要具备哪些能力

行走江湖没有一技之长怎么能防身？"高大上"的产品经理更是要具备多种技能来"防身"。下面来看一看想要成为一名优秀的产品经理，到底需要具备哪些技能？

#### 1. 产品定位能力

对于一款产品，最重要的就是产品定位。要明白产品根植于哪个行业，服务的对象是谁，要解决用户的哪些问题，用户的需求是否迫切，市场行情如何，竞品情况如何等。做好产品定位，就是做好产品未来前景的分析，只有将产品定位好，产品的发展前景才会广阔。产品的定位能力是一种非常强的战略能力，产品定位能力的强弱是普通的产品经理与优秀的产品经理之间最重要的区别。

#### 2. 需求调研能力

做好产品定位后，就要对用户的需求进行调研。需求调研是非常重要的一种能力。

需求调研是一个细致的工作，可以从多个角度来做，不仅仅局限于 One To One（一对一）地与客户面对面进行，还可以通过客服、市场人员、运营人员、微信、微博、论坛等多种形式进行。

### 3．需求分析能力

有的产品经理看问题总是很片面，无法看透事物的本质。做需求分析应该是透过现象看本质。例如人们吃饭只是现象，饿了才是本质；人们睡觉只是现象，困了才是本质。

### 4．设计能力

设计能力是产品经理的基本功，要通过市场调研并根据产品的定位对产品进行设计。产品设计包括业务模式设计、UE 界面交互设计和功能设计。

业务模式设计指产品会给现有的业务模式带来哪些影响，带来什么创新，解决哪些行业问题。例如 SAAS 服务模式将原来线下的业务模式变成线上的服务模式。

UE 界面交互设计指通过 UE 设计清楚地将产品的界面和交互形式展示出来，让所有的项目相关人更清晰地认识产品，将产品直观化、具体化。

功能设计指设计产品功能、业务流程、操作流程、技术流程。

### 5．生产跟踪能力

产品设计完成后会交给技术部门进行开发，在开发过程中，产品经理也要随时跟踪，了解产品的生产情况，解答技术人员的相关问题，深度参与产品的生产，防止开发人员、测试人员理解错误。

### 6．沟通协调能力

沟通协调能力是产品经理的软实力，产品经理不应该仅仅具有高智商，还应该具有高情商。产品经理要与领导沟通，争取获得更大的资源和支持；要与各个部门沟通，争取获得更多的帮助，以便于推进产品；要与下属沟通，以便于获取同事们的信任。

### 7．管理能力

管理能力比较宽泛，沟通、监督、成本、风险、进度、人员、质量等各方面都属于管理范围。产品经理要考虑各个方面，因为任何一个方面都可能导致产品的失败。

### 8. 运营推广能力

乔布斯是苹果公司中最牛的产品经理，他的贡献不仅仅在于设计出了 iPhone，更在于他把 iPhone 推广到了全世界。生产出来了但无法走出家门的产品同样不算好产品，产品经理在做用户分析、市场分析、行情分析时就应该开始考虑自身的营销基因，好产品本身就带传播的基因。这也说明，一个好的产品经理应该懂市场、懂运营，好的产品本身就应该是发光的。

做产品经理不难，而要成为出色的产品经理很难。如果以上这些能力你都具备，那么你就是最出色的产品经理。**要成为优秀的产品经理，就要知道产品的行业最高标准是什么，只要努力，早晚会取得成功。**

## 不懂技术能做产品经理吗

自从做了产品经理，经常有朋友问笔者：

"我是做教育的，不懂技术，能做产品经理吗？"

"我是做运营的，不懂技术，能做产品经理吗？"

"我是做机械管理的，不懂技术，能做产品经理吗？"

……

这些问题怎么回答呢？先来看一看关于产品经理的两个日常工作场景。

### 场景一：

**程序员**：这个地方的设计有问题！

**产品经理**：怎么了？

**程序员**：这里展示的数据是从 X 表和 Y 表中读取的，但 Y 表中的数据是临时生成的，数据会在 24 点被清空，到这个时间点这两个表的关联会因为没有数据而会出错。如果按你现在的设计，只能在数据被清空时再设计一张表，把这个数据在清空前复制过去，然后再从 X 表中读取数据才行……所以你的设计有问题。

**产品经理**：什么意思，能说清楚一点吗？

**程序员**：你没听明白？

**产品经理**：看不懂，你就说能解决这个问题吗？

**程序员**：能，就是要多建一些临时表，并且程序也会复杂很多，而且……

**产品经理**：能就行。最坏有什么影响？

**程序员**：在 24 点左右如果有人访问系统则页面会有一些卡顿，页面打开时大约会慢两秒。

**产品经理**：没事，就这样做吧！

**程序员**：……

场景二：

**领导**：要根据咱们产品的高并发、高访问量的特点设计网络及服务器部署方案，咱们的产品涉及支付，一定要保证数据的准确性及安全性，明天把方案给我。

**产品经理**：好的。

**产品经理**：怎么弄呢？

高并发——那得需要多服务器啊，多少台服务器才合适呢？并发量能有多少呢？

高访问量——访问量多，数据量就多。数据存储是多少，每日增长多少呢？

数据准确传递——那得有接收方校验啊。如何校验才能保证安全呢？是否选择好传输协议就可以解决呢？什么协议可行呢？

数据安全性——就是不能让其他人窃取数据。数据如何能保证安全呢？数据收发方应该也有校验吧？是否需要数据传输加密，如何加密，用什么加密算法呢？

我不太懂这些技术怎么办呢？对，找技术人员吧！

**程序员**：什么？产品是你设计的，我哪知道将来并发量有多少，访问量有多少，这得你告诉我！你是做产品的！

**产品经理**：……

**产品经理**：问领导吧。

**领导**：将来上线时人不会少，我们会通过网络、电视、报纸一起进行推广，人少不了，你好好想想。

**产品经理**：……

这就是程序员与产品经理的对话。我们都知道，作为一名产品经理，必须得是一个通才，各方面都应该有所涉猎。那么，不懂技术能做产品经理吗？如果能，那么不懂技术的人如何才能成为产品经理呢？

这里的技术多指数据、算法、存储、开发语言等方面的专业知识，程序员大多是一些活在自我世界里的人群，高强度的工作加上高智商让他们变得痛苦而骄傲，他们在与不懂技术的产品经理进行沟通时往往会感觉不顺畅，交流不和谐。在现实中常遇到的情况是，产品经理说的程序员听不懂，程序员说的产品经理不认同。

在上文的"场景一"中，实际上产品经理不用非得懂得中间的执行过程，只要知道结果就可以了。只要技术人员告诉产品经理行还是不行，有什么影响，有没有解决方案就可以了，知道这些就可以让产品经理做出正确的判断。但是在"场景二"中，对一名不懂技术的产品经理来说就有点为难了，这时产品经理必须要有一定的网络、服务器、加密、协议等方面知识，还需要对现有产品的访问量、并发量有正确的评估。实际上，这种工作更适合交给架构师来做。

那么不懂技术是不是就做不了产品经理呢？注意：本书所说的产品经理，都是指 IT 行业的产品经理，并不是指做医药、饮料这种传统行业的产品经理。

先来看一下产品经理的技能公式：

**IT 产品经理＝IT 知识+开发知识+业务知识**

### 1．IT 知识

IT 知识指有关电脑硬件、常用软件（办公软件、Axure、Visio 等）、网络等方面的知识。这些都属于产品经理应该具备的最基本技能，可以通过学习掌握，例如用 Visio 画图，通过短时间的学习可以了解并熟悉这项技能。所以掌握 IT 知识对产品经理来说应该不是难点，也不是瓶颈。

### 2．开发知识

实际上很多人一般担心的是自己不具备开发知识能力，因为具备这种能力需要学习很长时间，而且不是那么容易就能学成的。如果是从程序员转型为产品经理，那么自然没问题。对于非技术人员，开发知识会成为其转型为产品经理的硬指标吗？那就要看不懂开发知识对工作会有什么影响了。

影响一：与技术人员沟通时会有一点不顺畅。

影响二：无法评估产品的技术可行性。

影响三：不了解产品的技术实现方式和实现细节。

下面一一分析这 3 方面的影响。

**影响一：** 与技术人员沟通时会有一点不顺畅，不顺畅的原因是双方对产品的理解层面不同，产品经理注重产品的需求与设计，技术人员注重产品的功能与实现。实际上这些并不是影响双方沟通的真正障碍，真正的障碍是双方不愿意更多地倾听对方的声音，没有换位思考，只要耐心听取对方的声音并给予帮助，这种影响完全可以消除。作为产品经理，为了让产品更顺利地生产，应该多主动地与技术人员交朋友，尊重对方，这样才会获得对方的尊重。

**影响二：** 不懂技术的产品经理一定评估不了产品的技术可行性，可以通过协调让技术人员一起参与评估，产品经理没有必要事必躬亲。所以说，沟通协调是产品经理必须要具备的一个很重要的能力。在上文的"场景二"中，老板也不是非要难为产品经理，他的本意还是让产品经理牵头来进行分析。作为产品经理不懂这些技术没关系，让懂的人一起参与就好了。

**影响三：** 了解技术的实现方式和实现细节不是产品经理的主要工作，产品经理的工作更多地应该放在产品调研、需求分析、产品设计、沟通协调、管理上。人的精力是有限的，要把有效的精力放在更重要的事情上，把握产品的宏观与方向，要让专业的人做专业的事情。

从上面的分析来看，产品经理只要具备协调、沟通的能力完全可以解决以上问题，不懂技术不会成为产品经理的致命伤。

### 3. 业务知识

不懂业务知识可以当产品经理吗？产品经理如果对业务知识都不了解，则如何调研，如何设计好一款产品？**不懂业务知识才是产品经理的致命伤**。业务知识才是产品经理必须深度掌握的知识。当然，业务知识可以通过学习快速掌握，但不懂绝对是不可以的。

人们都说产品经理必须是通才。这个通才是指知识的广博度和业务知识的精深度，再具备对市场的敏感度及设计能力，这就是一名优秀产品经理人的核心能力。而对于技术要求，产品经理如果具备最好，这样与技术人员的沟通会更顺畅，推进产品的开发时会更顺利。如果不懂技术也不至于成为产品经理的致命伤，许多产品经理都是从各个行业转型过来的，他们干得也非常不错。

实际上，很多公司也意识到了这一点，在组织架构上进行了一定的调整，以避免不懂技术的产品经理与技术人员的沟通不顺畅，即在组织架构上增加了一个沟通岗位——一名介于产品经理与技术人员之间，可以将产品语言转化成技术语言的人（见下图），这样的调整可以让产品经理更好地发挥自身的优点而规避缺点，让产品的开发过程更顺畅。

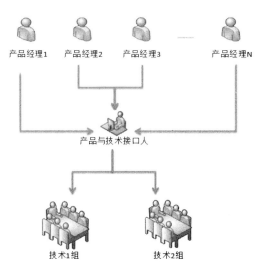

通过接口人可以将产品语言转换成技术语言，并能将产品思想更好地推进下去，让产品的开发过程更顺畅。

以上所说的所有内容都是笔者的推理，属于用逻辑思维方法来论述"不懂技术可以做产品经理"这个观点。

下面再用实际案例来论述这一观点。下图是在"软件产品讲学堂"QQ 群里众多同学们的聊天记录。

从网友的聊天记录中可以看出，许多其他行业的人才通过自己的努力已经成功转型成真正的产品经理。"前人种树，后人乘凉"，别人走通的路，是我们最好的指路牌。当我们已经知道不懂技术可以成为产品经理后，现在要做的就是抓紧时间，努力学习相关知识，争取早日实现成功转型。

## 产品经理常用的七种武器

写作是产品经理必须要具备的一种能力，这种能力不是要求言辞多么优美，而是要把需求、设计、思想、要求写清楚，表述清晰，无歧义，让人能看懂。产品经理一定要会用、用好几种常用的文档编写、制图工具，只有用好这些工具才能让别人理解自己的思想。下面介绍产品经理常用的七种武器。

**武器一：Axure（产品原型制作工具）**

Axure（见下图）是一个专业的快速原型设计工具，使用它可以轻松实现页面设计和交互动作设计，还可以制作 Web 网站的线框图、流程图，支持多人协作设计和版本控制管理，并可以将设计内容生成网页。产品经理、架构师、IT 咨询师、交互设计师、界面设计师等可以使用 Axure 将大脑中的思想转换成可以演示的页面，并可以在页面之间及页面内加上交互动作，将思想具体化，思路清晰化。使用 Axure 也便于让与产品有关的人更好地了解产品内容，通过页面的演示也便于相关人员在沟通时有的放矢。

- 替代产品：墨刀
- 重要度：五颗星

**武器二：Word**

经常有人问笔者："产品经理要具备哪些能力？"

笔者："得会讲、会写、会画、会沟通、会管理……"

前面介绍过写作是产品经理需要具备的一个重要的能力，它不是要求言辞要优美，而是要把需求、设计、思想、要求写清楚，无歧义，让人能看懂。写文档主要用的工具就是 Word（见下图），相信读者都会用 Word，但是不是每个人都能写得清楚。

- 替代产品：WPS
- 重要度：五颗星

### 武器三：PPT（PowerPoint 演示工具）

PowerPoint（见下图）是微软公司出品的一款软件，可应用于各个行业。这款软件可以辅助用户汇报和讲解产品，让沟通更顺畅，让听者理解得更透彻。产品经理经常需要用 PPT 向领导、用户、同事进行宣讲，使用 PPT 可以让自己讲解的内容更形象，更具画面感，以便于受众理解。

- 替代产品：WPS
- 重要度：四颗星

### 武器四：XMind

XMind（见下图）是一款实用的制图工具，通过它可以轻松地制作脑图、鱼骨图、平衡图、组织结构图、树状图、逻辑图。运用这款软件可以帮助产品经理梳理自己的思想，也便于产品经理向其他人传递自己的思想。

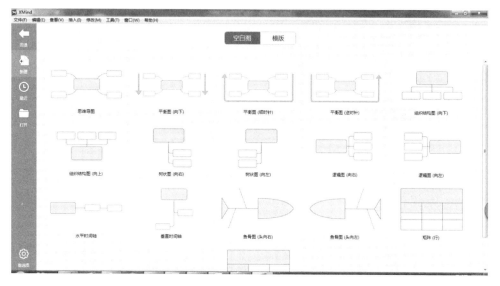

- 替代产品：Mind Manager
- 重要度：四颗星

### 武器五：Visio

Visio（见下图）是一款功能强大的制图软件，使用此工具可以绘制流程图、序列图、活动图等各种交互性图表。产品经理在与用户、架构师、设计人员、技术人员等沟通时，经常需要用图表来表达思想，体现流程和交互效果。另外，在编写需求文档、设计文档时，为了更好地说明产品，也需要各种图表，以便让读者更清楚作者所要表达的意思。

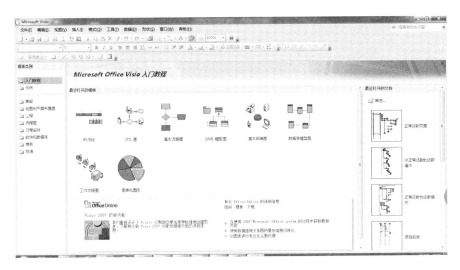

- 替代产品：DIA Diagram Editor
- 重要度：四颗星

**武器六：Project**

作为产品经理，有时要制订各种计划，安排各种任务，而 Project（见下图）是一款管理项目进度必不可少的工具。Project 集成了很多项目管理思路，通过此工具可以轻松绘制项目进度并可对进度进行跟踪、管理。

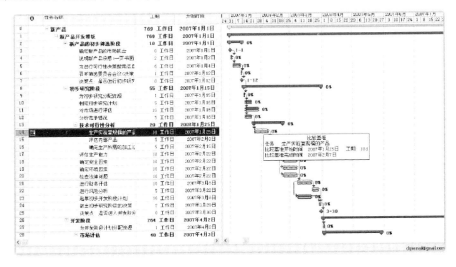

- 替代产品：GanttProject
- 重要度：三颗星

**武器七：SVN**

SVN（见下图），即 Subversion，它是一个开放源代码的版本控制软件。通过 SVN 可以实现一组人共同编写、设计一款产品的目的。单人编写文档或设计产品时，不需要版本管理工具，但当多人联合作业，共同设计一款产品时，就需要有组织、有计划、有步骤地分工协作。如果多人在同时编写一款软件需求说明文档时不采用版本管理，就容易出现文件被覆盖，编写内容被篡改等情况。因此多人协作工作时就需要有一款版本控制工具，让工具参与管理，这样才会减小文档被覆盖、篡改、丢失的概率。另外，在软件开发过程中，软件开发人员也会使用 SVN，他们将软件源代码及数据库设计等内容放到 SVN 中，同样，产品经理也需要把文档、原型、图表等文件材料放到 SVN 中，以便于所有人浏览、参阅。当需要新增或修改文档时，将修改后的文档放在 SVN 版本工具内，所有的参与人都会看到，从而让文件的管理更轻松。

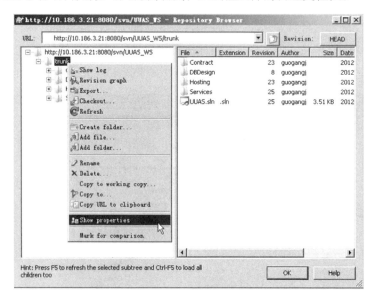

- 替代产品：CVS、VSS
- 重要度：三颗星

## 总结

"工欲善其事，必先利其器"，没有一套顺手的工具怎么能在关键时刻克敌制胜，以上介绍的工具均是产品经理的必备武器。要想成为一流的产品经理，在学习产品思想、分析用户需求时，工具的学习和使用也是必备技能之一。会用、用好这些工具，会让你在今后的工作中如鱼得水。

# 第3天　做有灵魂的产品

## 如何做有灵魂的产品

笔者曾经看过一个故事：一位盲人在街上乞讨，他写了这样一句话："我什么都看不见。"结果行人对此视而不见，盲人也所获甚少。诗人让·彼浩勒看见了，把木板拿过来写上："春天来了，可是我什么都看不见！"结果人们纷纷解囊相助。这就是文字的魅力！文字把人们带进了一个场景，让人们能切身体会到盲人的感情，触动了人们的痛点。

我们设计的产品也应该带有一定的情怀，把人带入场景中，利用情境打动人，触动人的内心。一个产品如果功能性强，又确实能解决人们的问题，那么这个产品就是好产品。但是随着人们的要求和欲望的不断提高，人们已经不再满足于功能性需要，对产品的要求和需求会更高，如果产品能具备场景的带入感和情怀，那么产品将会更有灵魂。大家都知道滴滴打车，它的推广方式简单而直接——送钱，从而获得了大量的用户支持。但笔者认为，如果滴滴打车再给产品加上一点情怀就更好了。例如，可以给老年人开发一个一键打车的功能，让他们按下屏幕上的打车按钮直接说出目的地就可以叫到车；或者为身体不便的客户提供爱心服务，组建爱心车队，给付出爱心的司机更多的补助。

**给产品加入一点情怀，会让产品更有人情味**。最近，笔者使用了××钱包产品，其中有各种定期理财品类。当笔者看到某款理财产品的利率可以达到 6.9%时，就直接投资了。但是过了不到 10 天，这款产品不知道为什么下架了，在页面里看不到了。虽然投的钱的利息还在不断累积，但笔者还是非常担心，也不敢再投钱了。对理财产品的用户来说，他们最关心的是安全，当用户感觉不安全时，就不会再投资了。所以理财产品如果有一定的连贯性，发行时间长并且没有出现兑付问题，这样才会给用户更大的信任感。

**做产品要知道用户的痛点在哪里**。痛点就是用户想在产品中满足某些需求而没有被满足从而形成的心理落差。如今，我们发现寻找蓝海市场已经很难了，只要我们能想到的，在网上一搜基本都有类似的产品了，但不是所有的产品都真正解决了用户的痛点。例如滴滴，它使出租车、私家车都去服务于手机用户了，反而使不太会用智能手机的老年人出行更不方便了，这就是老年人出行的痛点。

**要不断完善自身产品，了解用户的痛点，把爱加到产品中，小产品也可以有大情怀。**

做产品要有情怀，有爱就有好产品。**好产品就是要不断完善自身，并把大情怀分享给他人**。一个好厨师，并不是为了满足食客已知味蕾的需求，而是为了满足食客未知味蕾的需求。现有的产品都是服务于已知市场，而我们要做引领未知市场的产品。只有在产品中注入更多的感情、更大的情怀，了解用户真正想要的是什么，才能设计出好产品。

## 产品经理的 4 个层次

如今，很多会画一个产品原型、会写一个需求文档的人就以产品经理自居。产品经理入门真的那么简单吗？自从有了"人人都是产品经理"的口号后，就出现了"千军万马奔产品"的局面。产品经理入门很容易，刚毕业的学生可以，做业务的人员可以，做技术的人员也可以，但想成为一流的产品经理却很难，这需要具有很强的综合能力。

笔者把产品经理划分为以下 4 个层次。

第一层次："手中有剑，心中无剑"。

对产品经理来说，"手中的剑"指的是产品经理能写、能画和使用工具的能力，"心中的剑"指的是产品经理的产品思维和产品思想。"手中有剑，心中无剑"指的是产品经理只会按要求编写需求文档和使用工具，而没有产品思想。这一层次的产品经理更适合叫作"产品助理"，他们很难独立完成一款产品，需要在其他产品经理的指导与配合下才能完成工作。

第二层次："手中有剑，心中有剑"。

做到此层次的产品经理才能算是真正的产品经理，大多数合格的产品经理也都处于这个层次。他们能做到专注于细分目标市场，专注于客户需求。大多数产品人都懂得，要做一个行业，就要关注这个行业及细分目标市场，关注客户人群，了解客户人群的习惯和风格，细致研究客户并找出解决方案，例如 CRM 系统、ERP 系统、餐饮软件、HIS 软件等，这类软件在同行业中有很多，A 公司在做、B 公司也在做，那么只有对使用人群再细分，对产品本身再优化以区别出与其他平台的差异性，通过差异化竞争才能赢得一席之地。99% 的产品经理都处于这个层次，大家都在认真细化市场、关注客户，都希望能够设计出一款用户爱用、会用、想用的产品。在这个层次中如果能做到极致，就已经是很牛的产品经理了，应该可以自由地行走于江湖了。

第三层次："手中无剑，心中有剑，剑随心动，心随意动"。

处于此层次的产品经理已经可以随心所欲，杀敌于无形之中。处于此层次的产品经理应以"做产业"的思维来做产品，要了解市场行业。观察趋势环境，以超前的思维引领客户需求，整合行业链条，提升产品价值。我们经常会发现某些产品的出现改变了我们的生活，如滴滴打车改变了我们的出行方式；淘宝改变了我们的购物方式；余额宝改变了我们的理财方式；饿了么改变了我们的就餐方式。

第四层次："手中无剑，心中无剑"。

做产品的最高境界就是"用务实的理想主义"来做产品，简单来说就是有爱就有好产品。例如马云，从最初做阿里巴巴时他就提出"让天下没有难做的生意"的理念，然后用自己的坚持及对事业的执着来征服世界，同样，他也得到了世界的认可和尊重。有信仰、有信念、有坚持、有爱——才会有好产品。

以上所介绍的产品经理的 4 个层次，请读者一一自我对照，看自己处于哪个层次，以后能做到哪种层次。

**非技术出身的产品经理如何控制产品质量**

软件工程是一门用工程化方法构建和维护软件，并有效、实用地解决软件行业相关问题的软件学科。它涉及需求分析、程序设计、开发语言、数据库、软件开发工具、测试及维护等方面（见下图）。产品经理不仅需要有丰富的行业知识，同时也需要有深厚的软件工程思想。具备软件工程思想的产品经理才能更好地将行业知识与软件知识结合起来，才能设计出更优秀的软件产品。

很多产品经理只关注产品的生产前端（产品定位、可行性研究、需求分析、产品设计），而忽略了产品的生产末端（产品开发、产品测试）。如果想要保证生产出来的产品与最初的设计标准一致，就要关注产品的每个生产环节，并通过一定的有效手段控制产品的质量，保证每个环节都能严格按照要求进行生产，这就需要产品经理深入分析产品的每个细节。但现实情况是，由于产品经理的精力不够或非技术出身，导致其没办法深入产品生产的每个环节，尤其通过走查代码来判断产品质量就更不现实了。

在产品的整个生命周期中，产品经理最熟悉的环节是产品的需求分析和产品设计，最不了解的环节是开发。开发环节对产品经理来说就相当于"黑匣子"（见下图），他们无法了解产品代码的内部结构，但又需要保证产品的质量，确保生产出的产品与最初的需求分析及产品设计一致。那么，这该怎么办呢？

**方法一，给我一双"透视眼"。**

这就需要产品经理懂开发及走查代码，通过走查代码来了解程序开发的质量。但大多数产品经理都无法做到这一点。就算懂开发，走查代码的工作量巨大，也无法做到面面俱到；更重要的是，这与产品经理的工作内容定位不符。

**方法二，利用测试来控制产品质量，用测试制约开发，以保证产品质量。**

要控制产品的质量，就要控制产品的输入和输出。要保证每条需求输入后，输出的都是正常结果，这就证明程序满足了需求。当把所有需求都遍历过，并且输出都正确时，则说明产品完全满足于需求。要控制住软件的开发质量，就要控制住软件测试环节，用测试人员控制开发人员，以达到互相制约、平衡发展的目的。

测试用例是测试人员根据产品需求编写的用来验证程序正确性的输入信息。向程序中输入测试用例信息后，输出的信息只要是我们想要得到的正确结果，就说明本条需求的生产过程是正确的。产品经理只要控制住产品的测试环节，通过测试验证开发，就能控制住产品的质量。产品经理要让测试人员充分了解需求，让主要测试人员尽早参与需求阶段，只有让他们更深入地理解需求，才能编写出更全面的测试用例。

国外的软件公司都非常重视测试环节，测试人员的待遇比较高，测试的要求也非常严格。在国内，很多企业都不太重视软件测试，虽然他们知道软件测试环节必不可少，但对软件测试人员的能力要求及待遇都不太高，从而导致很多软件产品质量都不合格。

**为什么国内的产品质量不高呢**

这与国人的"差不多思维"有关，即认为只要产品质量差不多就行了，这种思维方式导致国产软件存在很多问题。作为产品的主要负责人，产品经理必须从自身做起，严格把关，这样才能保证生产出的产品能够达到高标准。所以，产品经理不仅要有产品交互设计的能力，还要能控制好产品质量，通过质量控制来保证产品的需求不跑偏、设计到位。

如下图所示，测试人员的反馈有助于产品经理把控产品的状态，当需求不合理时，要及时补救；在理解有偏差时，要及时沟通；当产品质量出问题时，要及时参与。产品经理应该让测试人员尽早接触产品，一方面可以让测试人员更好地了解产品，把握产品需求；另一方面，测试人员也需要尽早做出测试计划，编写测试用例。测试人员的提前参与，还可以保证测试用例在产品生产出来前就准备好了，一旦产品开发完成就可以进入测试阶段，保证各生产环节环环相扣。

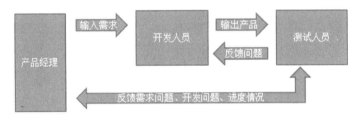

最后要强调一下，产品经理一定要重视产品质量，把控好产品质量关，这样才能保证流入市场的产品是合格的。

# 第 2 阶段

# 心理学与产品思维

# 第4天　产品与心理学

## 做产品要懂心理学

对买卖双方来说，买方与卖方都有自己的标准，要促成交易，双方的标准必须能够匹配，双方都要达到自己的心理预期。

要想促成交易，就要了解用户的想法。用户真正想要的是墙上的洞，而不是你的电钻，电钻只是工具，看事物要看本质。

想一想，客户为什么要买你的产品呢？

### 1．你能解决客户什么问题

要透过现象看本质，看客户真正需要的是什么。客户购买产品是因为产品能够解决他目前的某些问题，所以"问题"才是核心，"产品"只是解决问题的工具。千万不要围绕着产品做文章，一定要围绕着问题做文章。思考一下，客户为什么购买你的产品？你的产品帮助他解决了哪些问题？把它列出来，印在你的宣传册上、你的网站上……让客户和你产生共鸣，甚至唤醒客户沉睡的需求……

记住：永远只给客户想要的，千万不给自己想给的。

### 2．要让用户感觉占了便宜

许多人都爱占小便宜，不论他多么富有，这就是人性。在我们的产品里一定要加入让用户占便宜的思想，例如注册 P2P 平台就送 20 元投资金，买手机就送一张贴膜。最近京东就有买 199 元减 100 元的活动，笔者就是为了贪图 100 元的优惠而购买了 199 元的东西，如下图所示。

记住：如果能让客户购买产品后像捡了一个大便宜，你就成功了。

### 3. 产品的本质是提高用户的满意度

试想，用户请你为他在墙上打洞（见下图），但是最后，洞打大了，不但没有解决用户的问题，还给用户带来了伤害，以后他还会再选择你吗？用户选择你是为他解决问题，如果他很满意，那么下回即使你不优惠他还会找你。

技术从来不是用户购买产品的主要原因，技术只能满足用户的需求，解决用户的问题；一切要从解决问题出发。

记住：产品的本质是提高用户的满意度。

### 4. 要让用户对你的产品有强烈的好奇心

人们都有好奇心，并且对未知的世界充满了兴趣，例如广阔的宇宙、外星人等。在做产品时是否可以利用人们的好奇心呢？产品最终是给人用的，如果给产品加上一点神秘感，那么用户会更喜欢。例如在 iPhone 刚上市时，许多人提前好几天在苹果专卖店前排队，就是为了一睹它的芳容。

记住：让产品有点儿神秘感会让人们更有好奇心。

### 5. 要让产品提高到情感层面

人的左脑负责抽象思维,具有语言、分析、计算、推理等能力。人的右脑负责感性直观思维,具有情感、绘画、视觉、想象、抽象等能力。思考就是左脑一边观察右脑所描绘的图像,一边把它符号化和语言化的过程。左脑就相当于"物境",体验产品的外观、功能、包装、质量。右脑就相当于"情境",进行感情思维,体验产品给人带来愉悦的感受。通过对物境的设计,将产品的功能性、体验性、效果设计出来。通过中间的场景、营销、广告等效果,让人们联想到情感层面,营造出一种高层次的情感体验(见下图)。

记住:好的产品在解决问题的基础上,还能给用户带来一种更高层面的情感体验。

## 想做好产品要先了解人性

要想做好产品就要先了解人性。下面就说一说产品的道、法、术(见下图)。

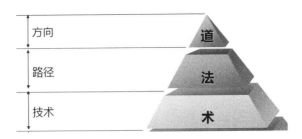

"道"即万物变化的规则——在宏观层面指日、月、星、辰,春、夏、秋、冬,在个人层面就是指人生境界和价值观。

"法"即在道的规则下的方法,实现价值观的指引。

"术"即在规则下的具体操作方法，只要指导方法不变，具体操作可以千变万化。术是可以通过练习而获得的，也可以由对法的研究而产生。

术要符合法，法要基于道，道、法、术三者兼备才能做出最好的策略。

那么对软件产品而言，"道"就是产品哲学，产品的指导思想；"法"是产品设计原理、思路；"术"是产品实施，产品的具体操作、产品营销。

在人类的生存、发展的演变过程中，处于不同阶段的人的需求是不同的，在原始社会中，人们追求的是生理需求。在奴隶及封建社会中，人们追求的是安全需求和归属感需求。在当今社会中，人们追求的是尊重需求和自我实现的需求。

在当今社会中，人人都希望受到尊重，得到理解，在将来的社会中，人人都希望获得尊重和实现自我价值。

那么，对人的理解实际就是对产品的理解，**产品服务于人，产品的核心就是人，对产品的研究就是对人的研究。在当下，产品的道就应该是开放、简单、愉快、任性的，因为这些特点就是人性的特点。**

### 1. 细谈产品之道

### （1）开放

世界是开放的，艺术、文化领域更是无国界，现代人的思维也变得更加开放和包容。如今，信息的获取比以往任何时候都快，每个人都能找到自己感兴趣的信息，人们对成长的欲望也更加强烈。同样，软件产品也应该是开放和包容的，产品与产品之间的组合将会产生新的化学效果（见下图）。例如触屏＋Mac 系统＋电话就是 iPhone；电子秤＋小米手环＋运动鞋＋网络就是小米运动；面包机＋电饭锅＋空调＋摄像头＋网络就是智能家居；地图＋GPS＋网络就是导航。

（2）简单

人类是社会性动物，在追求高品质生活的同时，也为此承担着很大的压力。在强压力下，人们更向往简单和安逸的生活。所以，产品的最基本设计原则应该就是简单，简单，再简单。如果用户不愿意多思考，产品就不要让用户思考。产品的终极目标应该是满足人性的需要，人们所需要的就是产品应该给予的，"不要让我想"体现了人类懒惰的本性。例如百度搜索引擎就是满足人类懒惰本性的产品，如下图所示。

（3）愉快

如今，电影、游戏等娱乐业发展极其火热，一部好的电影的票房动辄就达到上亿元，游戏玩家为了一款虚拟装备愿意花几百元、几千元。现在是全民娱乐、大众娱乐的年代，快乐、轻松地生活是许多人的生活态度。

除功能性外，产品如果能再具有娱乐性，则会受到更多人的关注和喜爱。例如微信，它本来是一款沟通聊天的工具，当加上"抢红包"、"摇一摇"、"游戏"、"漂流瓶"等功能后（见下图），就有了人性，给人们带来了更多的快乐，在让用户收获快乐的同时自然就能抓住用户的心。

**（4）任性**

　　人都有任性的一面，只是成熟的人会控制住，不表露出来。人的内心深处都有做一些"出格"的事情的想法，只是被法律和道德所压制。那么，这些是否可以在软件产品中得到满足呢？如果在产品中加入"出格的坏事"这一佐料，是否会更能打动人。

　　当年开心网的偷菜（见下图）、抢车位游戏就是在这方面做得比较成功的产品，记得当时好多人都是在深夜起来偷菜。再例如疯狂赛车，同样是打破底线，让用户任性的产品。在产品中加一点让用户任性、觉得刺激的元素，会让产品变得更有吸引力。

> **总结**
>
> 产品的"道",就是人性。"道"是规则,做产品应该先从了解人、研究人开始。无道不产品,不懂产品之道的产品经理只是知晓产品的皮毛。

## 第5天  如何修炼产品思维

万事万物都有自己的规律,但规律又不是一成不变的。正如之前说的"道"。"道"就是事物的规律,万物的法则。产品经理要锻炼自己透过现象看本质的能力,要正确地认识事物的规律。我们经常会下载各种软件,如打车软件、社交软件、理财软件等,为什么?因为这些软件产品在本质上能在某一方面解决我们的某些问题,软件产品只是表面现象,问题才是本质,只要知道了问题的根源,解决方法可以有很多。

对产品经理来说,如何才能锻炼自己找出事物规律的能力呢?

### 1. 敏锐的嗅觉

"不是我想不明白,是这个世界变化快",这句歌词已经说明当今世界在快速变化,一名优秀的产品经理要随时抓住当前热点、市场风向及新思想。对于这些新事物,要多观察、多了解,好的元素要随时加入产品中,丰富产品的活性。很多公司就是在应该推出新产品时而没有推出,没有及时适应当前大环境,最终导致产品的衰退和消失,例如诺基亚、摩托罗拉、柯达等(见下图)。

### 2. 理性中要更感性

产品是为了解决某类用户的某些问题而产生的，这说明产品的生产基因要依托各类数据和调研，也说明产品在立项前要经过充分的思考，要更理性。而人是有理性和感性的双重基因的，产品的最终使用者是人，产品在理性的基础上也应该有感性的成分。要想让产品感性，产品经理需要先感性起来，情感触角更丰富，思维要更发散，为人要更文艺，生活要更有趣。有理性和感性的产品经理才会创造出理性与感性结合的产品（见下图）。

### 3. 大量的实践

实践是检验真理的唯一标准，要多学、多看、多听、多想、多试，经过上千次的产品实践，才能称得上是了解了产品设计，拥有了解决问题的能力。

### 4. 博而不专的积累

美术、音乐、阅读、摄影、旅游等兴趣爱好看似与产品无关，也不会直接转化为产品的生命力。实际上，合格的产品经理需要有广博的知识储备，在产品设计中需要带入很多元素，如社交元素、情感元素、艺术元素、场景元素等。人性是产品永远的主题，有广博的知识才能对人性、对产品有更深的理解，设计出的产品才更有用户基础，不会脱离大众思维。

### 5. 专注和认真的态度

任何一款产品的问世，付出心血的不仅包括产品经理，还包括市场人员、设计人员、开发人员、测试人员、运营人员等。产品从最开始调研到问世，也只是刚刚走完第一步，还需要经受市场的检验。产品的生产过程非常浩大，在这场浩大工程中作为决定产品走向的产品经理应该更加认真而努力，细细斟酌每一个细节。产品经理的能力很重要，但专注和认真的态度才是一个一流产品经理的核心竞争力。

### 6. 对产品的兴趣

"干一行，爱一行"这种思想笔者认为是不合理的，应该是"爱一行，干一行"，这样才能将喜欢的事情做好。产品经理对产品要有兴趣，产品是有灵性的，齐白石等大师们如果对艺术事业不感兴趣，怎么可能画出好作品。只有爱产品，再去当产品经理，才可能成为一流的产品经理。

## 第6天　如何才能增强产品的黏性

老板："小王，为什么我们的产品在百度竞价和各大网站推广时才会有流量，一旦停止推广，马上就没有流量了，为什么呢？"

小王："是啊，我们的产品在前期做了大量的用户调研工作，而且很多用户也反馈确实有这方面的需求，用户为什么不买账呢？"

你是否也有过像老板和小王一样的疑问？自己的产品功能性很强，也能解决用户的问题，但是用户访问量为什么还是低呢？一般，产品经理在调研和设计产品时，都能够做到关注用户需求、优化设计，设计出的产品也自认为不错，但用户却不买账。为什么？因为你的产品仅关注了用户的问题和如何解决问题，而忽略了产品自身的人性化需求，没有达到黏住用户的目的。能够解决用户的问题只能说明产品具备了功能属性，这属于产品的**硬实力**；而产品还需要有服务属性，要具备人性化的特点，这属于产品的**软实力**。

例如旅游景点，将其放在各大网站和媒体上做宣传时，就相当于在网络的各个入口放置了路标，有的游客看到路标后会过来游览景点。虽然景点的景色优美，确实是人间仙境，但交通不便，没有超市、宾馆，也没有饭店，当游客游览了一段时间后渴了、饿了，怎么办？如果风景还没游览完游客想在这里过夜，怎么办？风景就相当于产品的硬实力，而饭店、宾馆、超市、交通就相当于产品的软实力。只有美景没有配套设施，自然留不住客户。

**"黏"表示能把一种东西附着在另一种东西上。**

对产品来说，黏性就是能够吸引用户并把用户黏到产品上，提高用户回头率的能力。那么什么东西才能让用户产生黏性呢？

这要先从人的本心出发。人有七情六欲，"七情"指七种感情：喜、怒、忧、思、悲、恐、惊，这些指的是人的本心，本能需求。通过外界的信息刺激，人们将所看、所思、所感转化为内心的七情。例如中了状元会喜，被人骂了会怒，找不到工作会忧，想念亲人会思，亲人离去会悲，遇到歹徒持刀抢劫会恐，在没有防备的情况下有人在身边大喊一声会惊，这就是将外在信息转化成内在本心。再从心理的角度来说，人会有好奇、孤独、兴奋、忧伤、喜悦、恐惧、无助、激动、沮丧、消极、抵触、思念等心理，这些心理最后会转化成人的七情，而产品经理就是要从人的本心出发，洞察人性。

如果想要增加产品的黏性，就要让产品人性化，增加它的软实力。下面介绍**如何才能增加产品的黏性？**

### 1. 故事性（让产品会讲故事）

当你约上几位好友喝着啤酒，吃着烤串时，你们会经常谈些什么？工作？不可能吧，上班谈完下班还会再谈吗？学习？这种枯燥话题谁会在休闲时间来聊呢？如果是男生，则多是聊美女、段子和发生在兄弟之间的故事；如果是女生，则多是聊帅哥、衣服和爱情故事，所以故事是人们交流时的一个重要谈资。

甲："你听说了吗？隔壁老王家的儿子当演员了，拍了一部电视剧，还是主角呢！"

乙："是吗？看那小伙子还真行啊，小时候看起来就挺机灵的！"

甲："可不是嘛，去年他来我这里……"

这就是老百姓的故事，如果我们能为产品增加故事性，那么产品就拥有了传播属性和回头率，用户会每天过来看看是否有新的故事、新的段子、新闻，把故事融入产品中就会发生化学反应。当产品解决完用户的问题后，同时还能给用户讲故事，如果还能通过 GPS 定位，将用户附近的故事优先推送给他们，是不是会更有趣？人们总是对自己身边的人、认识的人更感兴趣。

下面介绍一个让矿泉水讲故事的案例（见下图）。

2014 年，日本的《每日新闻》发现，每天买报纸的年轻人越来越少，但是每天买瓶装矿泉水的年轻人却越来越多。于是，他们决定将报纸变成饮料瓶的包装，这样就多了一种销售渠道——让年轻人看报。一个意外的收获是，用报纸做包装，产品设计的格调不仅没有降低，而且在货架上的识别度也相当高。为了保证新闻的可读性与及时性，《每日新闻》在一个月的时间内共推出了 31 款包装，同时在瓶身上也印有二维码，消费者可以通过扫描二维码在手机端读到最新的新闻。最终，在一个月的时间里，每一个零售超市平均售出 3000 瓶这样的矿泉水。商家采用了《每日新闻》作为矿泉水的包装设计，不但凸显了产品的饮用价值，更是凸显了产品的新闻价值。

还有一款专门讲故事的产品——糗事百科（见下图），这个产品会把用户自己、用户身边的糗事讲给大家听，通过故事来吸引用户，以增强用户的黏性。

可以发散一下思维，如果是旅游网站，还可以增加一些"旅游逸事""旅游与美食""我的足迹"之类的栏目，以增加产品的故事性，在产品为用户提供优质的旅游服务之后，用户还可以过来看看异地的风土人情、他人的旅游故事。

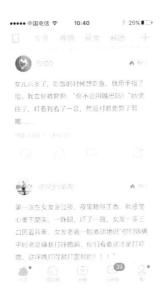

## 2．情感性（让产品拥有人性）

人是感性的动物，区别于其他动物之处在于，人除了具有智慧外，还具有情感，当人们忧伤、欢快、愤怒、喜悦时，都会有不同的表达方式。如果有一款产品能够承载我们的喜、怒、哀、乐，分享我们的情感人生，那么这款产品将会有很大的价值。

将情感运用得最好的产品就是微信（见下图）。

自从有了微信，连最不愿接受新鲜事物的老年人也开始变得不淡定了，现在笔者的父母每天必做的事情就是用微信与朋友聊天和看朋友圈。

将情感属性运用得最娴熟的产品就是歌曲，每一首歌曲都会承载不同的情感，有抒情的、伤感的、励志的、相思的等，越是能触动人们内心情感的歌曲，越会被更广地传唱，例如下面这首《当你老了》。

当你老了 头发白了 睡意昏沉

当你老了 走不动了

炉火旁打盹 回忆青春

多少人曾爱你 青春欢畅的时辰

爱慕你的美丽 假意或真心

只有一个人还爱你 虔诚的灵魂

爱你苍老的脸上的皱纹

当你老了 眼眉低垂 灯火昏黄不定

风吹过来 你的消息 这就是我心里的歌

多少人曾爱你 青春欢畅的时辰

爱慕你的美丽 假意或真心

只有一个人还爱你 虔诚的灵魂

爱你苍老的脸上的皱纹

当你老了 眼眉低垂 灯火昏黄不定

风吹过来 你的消息 这就是我心里的歌

当我老了 我真希望 这首歌是唱给你的

如果我们的产品里能融入情感属性，帮助用户寄托并承载情感，那么我们的产品会更有黏性。如果我们做的是针对儿童的产品，则可以在其中加入"孩子成长""儿童足迹""我们的一家人"等栏目来收录孩子的成长岁月；如果我们做的是青年人的产品，则可以在其中加入一些"挥洒青春"、"浪漫年华"等栏目；如果我们做的是针对老年人的产品，则可以在其中加入"怀旧情怀""忆往昔"等栏目，让产品变得有人性、有血性、有感性。

产品有了情感，就相当于人有了感情，有感情的产品才会让人留恋、让人思念，才能吸引用户"常回家看看"。

### 3. 新鲜性

如今科技水平在不断提高，火车、飞机、电脑、网络让世界变得更快、更高、更强也为我们节省了大量的时间。按理说，我们应该有更多的时间可以慢慢地享受生活，而事实是我们的生活节奏变得更快。通过技术节省出来的时间，我们会寻找其他的新鲜事物再把它填满，例如玩游戏、看电影、听音乐……

现在的产品更新换代的速度太快，很多产品变成"季抛型""月抛型"甚至"周抛型"。我们要想打动用户，就要不断地给用户以新鲜感，通过新鲜感来抓住用户的内心，以实现让产品具有黏性。

例如高德地图（见下图），对于地图类产品，主要体现的是工具属性，当用户有需要时才会使用，因此想要增加用户的新鲜感是很难的，而且市场上有很多同质化的产品，如百度地图、古歌地图、天地图等。面对四面都是劲敌的窘境，高德地图推出了林志玲版语音导航，从而让用户耳目一新。高德地图通过林志玲嗲嗲的声音实现了让下载量暴增，有的用户甚至为此删除了其他地图软件而下载高德地图。为了能够黏住用户，高德地图随后又推出了郭德纲版及其他地方语言版语音导航，极大地刺激了地图行业，让用户产生了极大的新鲜感。从林志玲、郭德纲，再到地方语言，这一切都是为了不断刷新用户听觉的新鲜感，让用户想听、爱听。

相恋的人在最开始时都是如胶似漆、情意绵绵，时间久了，那份新鲜感渐渐消失后，也就没有了激情，他们会为了鸡毛蒜皮的小事而争吵不断。所以新鲜感很重要，当双方有新鲜感时，对方的缺点也可以是优点，当新鲜感过后，对方的优点也可能变成缺点。为什么情侣之间要不断制造浪漫，就是要不断地给对方以新鲜感。产品何尝不是呢？如果产品永远是一成不变的，就会让用户厌倦，出现审美疲劳。

| 广东话 | 5.3MB | ⬇ |
| 河南话 | 3.9MB | ⬇ |
| 四川话 | 3.8MB | ⬇ |
| 普通话(男) | 4.5MB | ⬇ |
| 台湾话 | 5.1MB | ⬇ |

**4．趣味性**

用户都喜欢有趣的产品，如果你的产品在解决了用户的问题的同时，还能给用户带来一定的乐趣，一定会让用户更爽。下面来看一看星致曼雷是怎么设计他们的产品的。

星致曼雷是做儿童读物的公司。看书是一件枯燥的事情，孩子们只喜欢看有趣的书，那么如何才能把看书变得有趣呢？

先看一下星致曼雷图书（见下图）的介绍：

《大开眼界：恐龙世界大冒险》是一本利用"灵境"技术（虚拟现实技术，VR）带着你的眼睛四处旅行的"魔法书"。我们撰写了翔实的恐龙生物知识，绘制了精美的恐龙生态画面，讲述了妙趣横生的恐龙故事……这些还不够，因为，这一次我们要让恐龙走出图书，哦，不，是请你穿越进入图书的场景，让恐龙就在你的身边，奔跑、追逐、厮杀、吼叫……

三部精美绘本、数百只恐龙复原供欣赏，十几个真实场景可以穿越，我们提供的不仅是一套精美的恐龙百科全书，更是一次颠覆视觉的"穿越"体验。

　　他们将图书与虚拟现实技术结合起来是不是很有趣呢？一部 VR 眼镜+一部手机+一套图书就可以带用户穿越到远古时代，看恐龙的怒吼，看远古的森林，这让学习变得有趣。据说星致曼雷公司还要推出将《西游记》与虚拟现实技术结合的图书，这确实让人很期待。

　　做有趣的产品，用户才会用、愿用、常用。你的产品不要仅定位为一款工具，工具只会在需要时用户使用，例如钳子、锤子。其实产品可以是搞笑的、有趣的、多彩的。我们可以脑洞大开一下：图片如果会说话、时空如果能穿越、性别如果能改变、我如果变成了你……那么是不是很有趣？在产品世界为什么不可以大胆想象呢？

### 5．互动性、社交性（通过产品定位建立共同圈子）

　　自从开通了微信公众号，就经常有读者向笔者提问。

　　同学："老吴，你是做培训的吗？"

　　笔者："现在不是，以后可能会是。"

　　同学："你办培训吧，你要是办培训我第一个报名。"

笔者："为什么呢？"

同学："我想系统地学一下产品知识，另外，我也想在这里找到一些志同道合的人。"

"志同道合"，这个词让笔者想起自己最初开通微信公众号的目的，即找到一些志同道合的人，可以一起谈产品，谈人生，多结识有共同爱好的朋友。有时间大家可以小聚、聊天。人们都具有社交属性，愿意与自己的同类交流和沟通。网络发达以后，人们面对面在一起的变得没什么话可说了，例如过年时，一家人聚到一起本应其乐融融，但现实是大部分人都在低头玩手机。为什么会这样呢？笔者认为这是话题的问题。过年聚会时人们通过亲情聚到一起。但聚在一起的亲人们话题感缺失，关心与孝心的话题谈完了，之后就很少有共同语言了。而且长辈大多还会问到让年轻人反感的话题："有对象了吗？怎么还不找对象啊？""你工资多少？你看××现在都是公司高管了。""你得抓紧要孩子了，我还等着抱孙子呢！"……

在产品中如果能建立有共同话题的社群，以产品定位为兴趣点，再通过话题讨论、组织活动、游戏互动等形式来增加话题性，那么就实现了让用户交流的目的。有了交流，用户才会时不时地回来看上一眼，看有没有人给自己留言，有没有人关注自己。就如微信的朋友圈，用户经常会有事没事地在微信朋友圈中晒幸福、晒成绩、晒孩子。晒的人希望别人能给自己点赞、留言，让晒的人感受到存在感，而朋友们也愿意看微信朋友圈以满足自己的好奇心，这就是互动，让信息的收发双方都能感受到交流。产品是搭台子，戏要用户来唱，例如微信中的"朋友圈""点赞""留言"的功能就是台子，"发朋友圈""点赞""留言"这些基础功能可以提升产品的互动性，用户通过这些互动进行深层的沟通，可以增加用户对产品的黏性。这就是为什么汽车网站会有车友会、旅游网站会有旅游足迹、美食网站会有大众点评。**通过互动可以实现交流，通过交流可以建立圈子，通过圈子可以实现产品的黏性，产品具有了黏性以后，反过来又促进了产品的发展。**

## 第 7 天　用户的痛点

### 为什么有的痛点产品却不解决

很多软件看起来功能很强大，却不能让用户产生兴趣。就像许多商城的 APP，一打开这些 APP（见下图）就会看见密密麻麻的十多个模块，功能是不少，但让用户感觉又乱又复杂。想做出一款好产品不是一件容易的事儿，想做出一款走心的产品更难。我们只有了解了用户的心理，抓住了用户的痛点，才能做出好产品。

在智能手机刚推出来的时候，笔者经常会下载各种应用软件，而现在笔者的手机里只安装了十几个常用的应用软件，其他的都不会用。**为什么现在各种应用软件市场里的应用软件变多了，而人们手机里装的应用软件却少了？** 人们经常使用的软件产品一般也就十几个，那么产品经理如何能让用户爱上自己的产品，如何让自己的产品在众多的产品中脱颖而出呢？

这就需要了解用户的心理，要抓住用户的痛点做产品。

**什么是痛点？** 痛点就是在产品中让用户抱怨、不满，以及痛苦的地方，它是产品最需要解决的问题。产品的价值体现在其能在某一方面解决用户的问题，在产品辐射范围内用户希望解决而未解决的问题就是用户的痛点。

既然大多数用户都有自己的痛点，那么为什么在设计产品时不直接解决了呢？

原因有很多，不同的公司、不同的产品都有自己的特殊情况，不是一句话就能说得清楚的。

下面先看几个场景。

场景一：

　　张女士是一位全职太太，在家里带两个孩子，老大 4 岁，老二 1 岁。每天早上起床后，她先给两个孩子做早饭，老大吃完饭后就要去幼儿园，张女士要推着婴儿车让老二坐在里面，再牵着老大的手将他送到幼儿园。之后，她要赶紧回家，哄老二吃饭并陪他玩耍。到幼儿园放学时，她又要带着老二去接老大，到家后她的丈夫也要下班了，又要开始准备晚饭了。张女士也想去上班，有自己的事业，但家庭事务已经占据她了所有的时间。

痛点分析：

　　张女士没有自己的时间，全部时间都被孩子占据了，能不能有一款产品解决张女士的问题？这个痛点不是她一个人的痛点，这是一群忙于家庭生活的大多数女性的痛点。

**场景二：**

　　齐女士的孩子已经上小学了，家里有大量孩子穿过的衣物、玩具和图书（见下图），这些东西孩子已经不用了，放在家里占地，扔掉又太可惜了，里面盛满了孩子的记忆。小孩子长得快，这些衣服基本就穿了半年。尤其是这些儿童图书，别的小朋友也都能看，当时都是从书店原价买的，扔了太可惜了。

**痛点分析：**

　　齐女士的痛点就是家里有大量孩子的用品，扔掉可惜，不扔又占地方。

**场景三：**

　　赵小姐是一位外企白领，年薪 30 万元，工作几年后她手里有了一些余钱，如果放在银行里则只会贬值，于是她考虑投资一些理财产品。2015 年在股价涨势大好时她买了股票，投进去一个月后股价大跌，损失了近 20 万元，她只好"割肉"退出来。于是她又开始研究 P2P 产品、基金和理财产品，P2P 产品风险高，所以没敢进入，基金和股票差不多。最后她选择了微信理财里的财富通，168 天的利息为 6.1%，还不错，可是过了一段时间利息变成 4.6%（见下图），现在又变成了 4.2%！难道就没有既安全又稳定的理财产品吗？赵小姐很苦恼，没钱痛苦，有钱也痛苦。这就是赵小姐的痛点。

**痛点分析：**

　　想找到一款既能保本，利息又高的理财产品，解决"有产一族"有钱无处投资的窘境，这就是赵小姐的痛点。

　　从以上 3 个场景来看，不同的人群有着不同的痛点，张女士、齐女士、赵小姐因自身情况不同，苦恼也不同。**在不同场景下痛点是不同的，痛点会随着人物、时间、地点、环境、经济条件、性格特点等不同而不同，痛点是会变化的，也会随着时间而发生改变。**例如前文说的张女士的孩子小，带孩子是她最大的痛点，但齐女士的孩子已经上学了，时间比较充裕，带孩子已经不再是她的主要痛点。

　　用户有这么多痛点，为什么没有相应的产品能解决呢？这又回到上面的问题了，原因有很多，下面只列举几种可能。

### 1. 社会发展问题

　　一款产品的成功因素有很多，政治、经济、社会、法律都会对产品产生影响。如果社会发展还没有达到一定的程度（解决了产品生存土壤的问题），那么过早地生产产品也会让产品因为肥料不足而失败。有的痛点不仅仅是靠产品本身就能解决的，而是需要国家、政府及全社会一起参与。例如家长带孩子的问题，这不是一家企业、一款产品可以解决的，它涉及诚信机制、社会环境、人与人之间的信任等因素共同作用。

### 2. 利益问题

　　如场景三，为什么财富通会将一款半年期理财产品的利率从 6.1% 降到 4.2%，这里涉及平衡点问题。理财标的每天的发售金额都是固定的，以前当利率是 6.1% 时，有大量的用户购买，理财产品半个小时就会被抢光。既然有这么多人购买，那么理财公司为什么还要给用户这么高的利息？所以理财公司会适当降低利息以不断调试用户购买的平衡点，最后找出一个既能在当天卖光理财产品又能保证公司收益的平衡点。但老百姓一般都希望手里的钱不贬值，这对有"产一族"来说就存在投资渠道过少的问题。

### 3．找不到痛点

人们都有一种心理，都认为自家的孩子好，全身都是优点。对于产品也一样，当花费了大量心血将产品设计出来并上市后，公司就开始了一路演讲、推广，把产品的各种功能吹得天花乱坠，听不进一点批评的声音，从而也就找不到用户的痛点。

### 4．无能为力

有时我们明知道产品中有这样或者那样的问题，作为产品经理，有时也是无能为力的。例如，之前笔者的公司要做一款求职招聘 APP，面试者需要通过手机将身份证拍照并上传，APP 后台来分析证件照片，从照片上识别出用户的姓名、身份证号码、家庭住址的信息并入库保存。但是笔者的公司没有能从照片上识别身份信息的技术储备，在技术上解决不了。总之，企业总会有这样或那样的理由对用户的痛点无能为力。

### 5．成本问题

解决问题是需要成本的，这些成本有时企业是负担不起的。例如以前笔者做房产信息平台时，计划将平台中重点推广的房源都做 360° 房屋室内全景展示，这样购房者不用到房屋现场也可以了解到房源的内部结构和环境了。这样做一定能帮助客户节省一定的时间成本，但是如果要做这个功能，后期的维护成本就会很高，需要有人到房屋现场拍摄、修图、拼图，并将图片上传到网站中并进行管理，还得购买 360° 取景器材。一想到这些困难，这个计划就被搁置了。

### 6．习惯问题

有时我们明知道产品存在这样或那样的问题，但就是不愿意去优化产品，因为在优化产品的过程需要协调各种资源。就算产品上线了，还会认为产品需要让用户有一个熟悉的过程，从而给自己找一个理由，并且公司没提，自己也就不会去优化了。

……

产品没有解决用户的痛点的原因还有很多，这里就不一一列举了，现实中的情况永远比我们想象的要复杂，所以原因也是多种多样的。

## 如何才能找出产品的痛点

我们已经知道大多数产品都会存在这样或那样的痛点，那么如何才能找出产品的痛点呢？

**做产品根本就没有需求，只有痛点！**前面已经梳理了用户的痛点类型，以及为什么明知道产品有痛点存在却不完善和改进，本节谈一谈如何才能找出产品的痛点？

下面以两款产品实例，具体分析一下。

实例一：目前比较成熟、比较流行的产品——滴滴打车

目前滴滴（见下图）通过推广已经占据了绝大多数市场份额，其因为好用、易用从而在大城市里得到普及。既然要分析滴滴，就继续用场景分析法来找出问题吧！

场景一：

张大力吃完嘴里的最后一口油条看了一下表，8：20，打一辆顺风车走吧，半个小时应该能到公司，正好还有一张 5 元的优惠券。他在打车软件中输入目的地后等待……5 分钟后仍然无人接订单，时间不太充裕了，还是打

一辆快车吧，20 秒后有人接订单了，张大力上车出发。

场景二：

　　年底张大力发奖金了，他很高兴，有钱了，打车时也可以打好的车，打一辆奥迪吧。于是他在滴滴上选择专车服务，20 秒后有人接订单了，他用手摸了摸兜里厚厚的一沓钱，踏实地坐上车回家了。

场景三：

　　周末，张大力想带着老婆、孩子一起去北京郊区的凤凰岭玩，苦于在北京私家车限号，买不了车的张大力想租一辆车出去玩，他找出自家的烧烤炉子、帐篷和垫子，本能地拿出手机打开滴滴打车，找了半天都没有租车业务。

　　"唉！"张大力一声叹息。

场景四：

　　张大力的老婆在美容院里做美容，做了一段时间后，她拿出手机一看时间："哎哟，不好！"今天爸妈从农村过来看她。于是她对一起来的小姐妹说："玲玲姐，你们知道滴滴打车里面有司机帮忙代替接人、送人的业务吗？我这美容还没做完呢。"玲玲姐说："没有啊，要是有就好了，如果有我可以找一位在附近有诚信的司机师傅天天按时帮我接孩子，也不用家里、学校来回跑了。"

从场景一和场景二来看，滴滴已经很好地解决了用户的基本出行问题，通过顺风车、快车、专车 3 种模式解决了用户不同方面的痛点，满足用户在不同场景下的需求。但场景三和场景四展示了用户在其他方面的需求，在这些场景下，滴滴未能满足这些需求，就成了用户的痛点。

　　产品存在的价值就是为了解决用户的痛点，当这些痛点被解决后，用户就会对这款产品产生依赖。同时用户也会对产品提出更高的期待，这种期待就变成了产品新的痛点。所以，**产品迭代过程就是一个不断完善、不断优化的过程，也是不断解决新的用户痛点的过程。**

　　现在回过头来再来思考一下，我们是如何找出用户痛点的？

### 1．产品痛点获取公式：场景＋产品

解释：利用不同的场景模拟来获取不同场景下用户的痛点，完善场景的过程就是获取用户痛点的过程。这就是为什么在做产品前需要做大量的用户调研，通过用户调研可以收集到不同的场景，再通过场景回放来找出用户的痛点。当产品很好地解决了用户的痛点，用户就会慢慢地爱上产品，从而成为产品的粉丝，为产品尖叫。

通过用户调研来获取用户场景，再通过场景模拟找出用户的痛点，这就是用户痛点的探索之路吗？真相会如此简单吗？

**实例二：搭建儿童物品交流平台**

**场景描述：**

还是以前面的那位齐女士来举例，她家里有一堆孩子的衣服、玩具、图书打算处理，扔了可惜，而留着又占地。如果有一个机构能够接收这些物品并赠送给其他需要帮助的孩子，让这些图书、玩具物尽其用，并且还能帮助更多的孩子就好了。

这个场景涉及 4 种角色。

**爱心妈妈：**孩子已经长大，要转让这些旧玩具、衣物、图书的妈妈。

**大孩子：**爱心妈妈的孩子。

**年轻妈妈：**需要这些旧玩具、衣物、图书的妈妈。

**小孩子：**年轻妈妈的孩子。

**分析：**

很多有孩子的家庭都会有这样的问题，要是有一个平台可以为齐女士这样的爱心妈妈和需要这些旧玩具、旧图书的年轻妈妈之间搭建桥梁，那么不就可以很好地解决双方的痛点吗？

这时涉及的角色如下图所示。

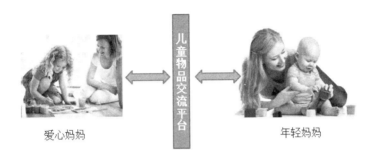

在这个场景中涉及了了 5 种角色：儿童物品交流平台（以下简称平台）、爱心妈妈、大孩子、年轻妈妈、小孩子，通过平台可以解决爱心妈妈与年轻妈妈的信息不对称的问题。

再来继续分析，平台要方便爱心妈妈赠送物品，就要有代收物品服务，在城市里需要有加盟的代收机构，有一定的代收人员，爱心妈妈们只要在平台上发出赠送信息就会有人进行上门评估与服务。为什么应该有上门代收物品服务呢？一是让爱心妈妈可以更方便地赠送物品，二是也需要有专业人员评估哪些物品可以赠送。如果赠送物品里有一些是非常破旧的小衣服，可能就没有赠送的价值。收到赠送物品后需要通过代收机构转到平台。收上来的物品需要清洗和消毒，这又要涉及与物流和清洗消毒机构的合作。清洗消毒后的物品会通过救助中心转赠给需要帮助的年轻妈妈。

具体流程如下图所示。

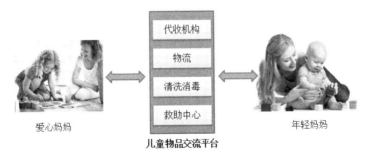

从以上分析可以看出，此时涉及的角色就是平台、爱心妈妈、大孩子、年轻妈妈、小孩子、代收机构、物流、清洗消毒机构、救助中心。这款产品涉及了了 9 种角色，这 9 种角色根据不同的身份又可以收集到不同的场景，再通过场景获取不同角色的痛点，得到痛点后再来继续完善产品。

从以上信息我们可以发现，角色在场景中具有重要意义，我们的一切服务都是围绕用户来进行的，而用户痛点的获取怎么可以没有角色的参与呢？通过场景获取角色，再通过角色来继续完善场景，在场景不断丰富完善的过程中，用户的痛点也就渐渐清晰了。下面继续优化用户痛点获取公式。

### 2. 用户痛点获取公式：场景＋角色＋产品

这回公式好像看起来挺完善了，通过场景和角色的组合好像已经可以找到各类用户的痛点了。现在，爱心妈妈的物品已经可以通过平台收上去，平台在清洗消毒后将物品送到年轻妈妈手中，产品的基本功能已经具备了。

**中场分析：**

我们都在谈论用户调研，那么用户调研的目的是什么呢？用户调研的目的是为了获取用户的使用场景，通过一个个场景来分析用户的痛点。用户痛点的分析是通过用户角色及角色在场景中的应用得到的，例如一个平台有 5 种用户角色，一种角色平均有 10 种场景，那么可以模拟出 50 种场景，通过这 50 种场景来一点点分析产品的功能点。用这种办法可以一点点找出用户所有的痛点，这样就不会有遗漏。前面在故事中谈的就是模拟场景的过程，通过模拟场景来得到用户的痛点。产品经理在规划、分析产品，研究需求时，一般采用的是点位方法，即今天想起 20 个功能点，明天与市场人员讨论又收获了 10 个功能点，从而不断地得出产品的功能点。这里所说的是用"面"的方法，收集用户场景，通过一个面可以得出 10 个功能点。分析完一个面再分析另外的面，只要全面分析，就能在最大程度上得出所有的功能点。点是离散的，收集信息方式不集中，就像在几个屋子里藏了 10 件东西，有的人是东屋找几个，西屋找几个，最后还缺两个，不知道在哪儿，还得在所有屋子中重新找一下。我们应该在一个屋子里尽可能地找全，只要把所有屋子都找完，也就找出所有藏的东西了。场景就是屋子，要找的东西就是痛点。

那么这个爱心物品传递过程还缺少什么吗？

在整个爱心物品传递的过程好像缺失了感情，爱心物品的传递就应该是爱心的传递，爱心本来应该是有感情的，那么如何将这份感情融入产品中呢？要交流。人类通过语言、表情、手势等方式来表达和传递信息，又通过交流升华感情。用交流的方式表达内心的想法，那么信息的交流也应该是产品的语言。

下面再来分析一下妈妈及孩子们的心理，以及如何以产品的方式表达出来。

爱心妈妈捐赠了大孩子用过的物品后，作为捐赠者也很希望能看到物品流转的过程，例如如下表所示。

| 日　期 | 流　程 |
| --- | --- |
| 1 号 | 爱心妈妈捐赠了两本图书和一件羽绒服 |
| 2 号 | 捐赠物品从河北廊坊代收机构送往北京总部 |
| 3 号 | 捐赠物品从北京总部发往门头沟区的清洗消毒点，进行消毒 |
| 5 号 | 两本图书发往陕西，羽绒服发往四川 |
| 8 号 | 羽绒服送给了四川的一名叫妞妞的小女孩 |
| 9 号 | 两本图书送到了一名叫壮壮的小男孩手里 |
| 10 号 | 爱心妈妈收到了一张工作人员与妞妞穿着羽绒服拍的照片，照片里妞妞甜美地笑着 |

大多数捐赠者都希望看到捐赠物品的所有流通环节，如果能让捐赠者与被捐赠者互相关注、互相帮助、互相了解、互相沟通，则会让平台更加有价值，更有人性。

再来研究一下人们的心理需求。当你在公交车上给一位老人让座，老人直接就坐在座位上，一句话感谢的话都不说，此时你是什么感受？是否有一种不被尊重的感觉？如果老人非常客气地向你道谢，你是不是有一种奉献后的快感？所以产品也应该考虑到奉献者的心理因素。如果让收到赠品的受捐者能够说一段感谢的话，或者写一段感谢的文字，那么这些都会是对捐赠者的一份支持。这还是浅层次的，如果通过这次爱心捐赠，让捐赠者与受捐者之间搭建起一个情感交流的平台是不是更好呢？再往深层次思考，爱心传递后如果能够让两个孩子之间建立起友谊，不仅可以让大孩子看到自己的物品在小孩子那里发挥了价值，让孩子们更有爱心，还能让大孩子与小孩子之间建起一个交流平台，共同成长，互相关注。

有人会说，受捐者一般都是条件不好的，哪有智能手机或电脑，孩子之间也没办法交流！笔者认为，受捐者会有一部分是条件不好的家庭，但像需要儿童图书、儿童玩具的家庭不一定都是条件不好的。如果让平台定位成资助贫困家庭，就太狭隘了，平台的定位应该是物尽其用，通过物品的传递让孩子们、家长们传递爱心，才应该是平台的真正价值。物品的传递不重要，让爱心和正能量传递下去才更重要，再通过交流让正能量传递下去。

再继续介绍后续物品流转的过程，如下表所示。

| 日　期 | 流　程 |
| --- | --- |
| 11 号 | 爱心妈妈在平台上收到一封妞妞妈妈发来的电子邮件，看过信后，爱心妈妈心里一片温暖 |
| 11 号 | 爱心妈妈在平台上关注了妞妞妈妈并加为好友，并开始了两位母亲的聊天之旅 |
| 12 号 | 爱心妈妈在自己的需求里发了一份需要一本小学一年级教科书的需求。于是壮壮妈妈联系了她，并把书通过平台邮寄过来 |

讲了这么多，实际是为了得到获取用户痛点的公式。

**获取产品痛点=场景 ＋ 角色 ＋ 情感 ＋ 产品**

"有情饮水饱"，**情感才应该是产品的灵魂。**大多数产品经理都在研究如何发现问题并解决问题，而对于人与人之间的情感交流、心理活动则很少会关注。为什么微信会发展得这么快、这么好？因为它是人与人之间情感交流的工具，是情感的载体。做产品不要太狭隘，解决问题只是第一步，如果能达到情感上的升华那才是好产品。

获取用户的思路有很多，目的就是让平台能够促成人与人之间的交流，用户在平台上付出的感情越多，他们对平台的依赖就越大，也越忠实。做产品就如同做一道大菜，产品是菜；场景是锅，是火，是油；角色是炒菜的人，是妈妈，是饭店师傅、是老婆，是老公；情感是盐，是味精，是料酒，是花椒。场景、角色、情感对产品来说每一个都不能少，大多数产品经理关注的大多是产品的功能，这就相当于只关心做菜的师傅、菜及做菜的工具，做出来的菜虽然有形、有色，但吃起来却没有滋味。

# 第 8 天　如何把情感注入产品中

情感是产品的灵魂，那么如何才能让产品变得有感情、有思想，更有人性呢？下面从人的角度来分析如何把情感注入产品中。

## 1. 提供谈资

"你听说了吗，下周公司组织去菩提岛玩，还可以带家属呢！"

"你知道吗？咱们公司的小张资助了好几名贫困学生，从来没听他说过，挺有爱心的。"

以上这些话题都是大家喜欢聊的，大多数老百姓都有一颗"八卦"的心。如果产品也能为用户提供谈资，那么产品被人推广、分享的机会就会大很多。例如前面说的儿童物品交流平台，如何为其加上谈资呢？如果在里面加上"说出你身边的故事"或"孩子的成长记录"环节，妈妈们可以谈谈孩子的教育，谈谈自己的生活需求，讲讲自己的故事，或者晒晒孩子的成长，那么这些都会成为大家的话题，成为话题后产品也就跟着被潜移默化地推广了。

### 2．帮助他人

帮助他人会让我们感到快乐，这是人的本性。儿童物品交流平台本身就是一个帮助他人的平台，所以这种平台会很容易被人们推广，就像李连杰的"壹基金"一样，当别人知道这是一个帮助他人的平台，很多人会不求回报地帮忙推广。如果在平台上再加上"帮助热线""爱心传递"之类的栏目，在更好地获取用户的需求时，还能帮助他人，那么产品就不只是注入情感了，而变成了"大爱"，它将会更容易打动人，获取用户的支持和点赞。

### 3．有价值的内容

要创造有价值的内容，价值会让互惠双方或多方对产品有更大的依赖，例如在儿童物品交流平台中可以加上"儿童教育分享""听妈妈讲故事"等栏目，在栏目里分享一些优秀的教育思想、益智游戏或者孩子爱听的音乐、故事，这些对妈妈和孩子来说都是有价值的。这些有价值的内容可以黏住用户，让用户天天想着你，而不仅仅在有物品需要转让时才会想起你。

### 4．帮用户打造形象

不同的产品要帮助用户打造不同的形象，例如使用健身产品的用户需要塑造完美的身材。而儿童物品交流平台可以展示用户的爱心，只要平台帮助用户实现了这种愿望，用户就会常常过来继续献爱心。如果在平台上晒出被捐赠者的感谢信或者照片，是不是就达到了这样的效果？相信捐赠者和被捐赠者都会愿意分享这些图片和信件，同时也会从中得到快乐。

### 5. 与别人比较的心态

"你怎么还不努力啊，隔壁老王家的孩子都考第一了。"

"这次马拉松你一定要跑第一，回来我们给你接风。"

"我今天的运动量在好友中排名第五，这可不行，明天一定要再多走两千步，争取排名第一。"

我们的生活中充满了比较，不仅和周围的人比，也经常会和自己比。基于用户的这种心理，我们的产品要具有排名功能，例如在儿童物品交流平台中可以加上"爱心积分排行""晒一晒"等功能，以满足用户的比较心理。

### 6. 帮助别人表达想法

有些话用户是不太好意思说出口的，虽然可能有许多人的想法跟芙蓉姐姐一样，认为自己的身材很完美，但要是让自己直接说出来，就显得太不矜持了，所以产品要帮助用户说出心声。例如健身软件产品就要帮助用户展示身材，并提供公正的评分、点评，方便用户分享。用户分享健身成果是想让大家知道这可是健身软件产品说自己身材好的，不是自己说的。例如唱歌软件，当用户唱完一首歌后得分为 99 分，与原唱就差 1 分，他将自己的声音、评分、点评一起打包分享出去，让朋友们看到会很有面子。而儿童物品交流平台中提供"用户感谢信"等功能可以展示出捐赠者的爱心，并且这一切都不是用户说的，都是第三方平台、专业人士说的，这样会让他们更有面子。

其实还有可以将多的人性与产品完美地融合，读者可以多挖掘。

## 总结

产品如人，不仅要有自己的语言、动作、表情等，即功能层面，还要表达出自己的喜、怒、哀、乐。当产品拥有了人性，离成功就会更近一步。再送各位读者一句：要做有情的产品，因为有情饮水饱！

## 第 9 天　蒙太奇式的思维模式

蒙太奇就是利用联想、虚拟、朦胧的表现方法，通过艺术性的组织、剪辑以表现人们真实、无法描述的内心活动，社会生活以及思想感情。其多用于电影创作、画作、文学创作、广告等方面，将信息通过人们的视觉神经传递给大脑，再经过大脑的逻辑加工将无法言明的思想表达出来。

如何才能将蒙太奇的思想运用到产品中呢？市面上有一款方便面叫"五谷道场"（见下图），它的宣传理念是"传承五谷文化，服务于健康的现代生活"。首先看品牌名称，"五谷"指"五谷为养，五果为助，五畜为益，五菜为充"；"道"指顺应自然，是智慧的精髓；"场"意为场所，从产品名称上已经体现了其产品理念。其次，五谷道场通过宣传"非油炸"传递健康的理念，通过在包装中放上鸡腿、蘑菇的照片以体现美味，再加上广告宣传，传递出它是一个健康、营养、美味的方便面品牌。这就是将零散的、无序的、有逻辑性的信息传递给客户，通过客户的头脑加工，将这些朦胧的碎片信息整合成产品的具体信息。品牌的宣传往往在一定程度上也会用蒙太奇的手法，例如耐克让乔丹作为品牌的代言人，就是因为乔丹是世界冠军，从而代表耐克在市场中领先的地位。

看一看下面这首诗是如何利用蒙太奇的手法表达意境的：

《天净沙·秋思》

枯藤老树昏鸦，

小桥流水人家，

古道西风瘦马。

夕阳西下，断肠人在天涯。

这首诗通过实体景物——枯藤、老树、乌鸦、古道、西风、瘦马、夕阳，描述出一种凄凉落寞的情感，将不容易表达的意境通过物境、情境表达出来。

所以，要想利用蒙太奇的手法将产品的理念、思想传递出来，则可以在产品的界面设计上下功夫，通过颜色、图像来传递这些信息。**另外，只有将产品放到某一种情境中才会较好地表达出产品思想。然后可以通过一定蒙太奇的手法将产品本身的意境体现出来。**

下面看一看微信是怎么利用蒙太奇的手法表达产品的理念的。下面这张图相信读者都不会陌生，这是刚打开微信时展示的首页图：一个人在仰望无边无垠的太空和星球，这时的人特别需要沟通，从而传递出微信的主旨就是沟通。这就是蒙太奇的手法——将内心抽象的世界通过情境具体化。

下面以一首诗作为本节的结束：

《题秋江独钓图》

一蓑一笠一扁舟。

一丈丝纶一寸钩；

一曲高歌一樽酒。

一人独钓一江秋。

你从这首诗里感受到了什么?

# 第 10 天　敏捷开发思想

在软件工程领域，有很多软件开发模型，如瀑布模型、快速原型模型、增量模型、螺旋模型、演化模型、喷泉模型、RAD 模型、敏捷软件开发模型、XP 极端模型。这么多的模型各有各的应用场景，面对要求"短、平、快"的项目，最适合的方法就是敏捷开发。

## 敏捷软件开发

敏捷开发是以用户的需求进化为核心，采用迭代、循序渐进的方法。在敏捷开发中，软件项目在构建初期被切分成多个子项目，各个子项目的成果都经过测试，具备可视、可集成和可运行的特征。换言之，就是把一个大项目分为多个相互联系而又可以独立运行的小项目，并分别完成开发，从而实现快速开发的目的（见下图）。

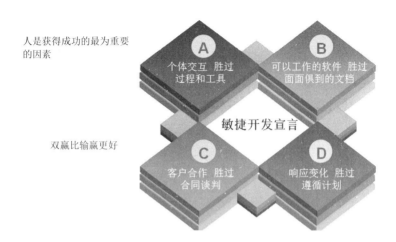

人是获得成功的最为重要的因素

双赢比输赢更好

## 敏捷开发是如何实现

### 1. 将大的系统拆分成子项目

以前我们接受过的软件开发思想是立项后先进行需求调研、需求分析；调研后得出各种调研报告及需求说明书；需求搞定后，再进行概要设计（UE 设计、UI 设计、交互设计、数据库设计、框架设计）；然后再进行详细设计……这样整个流程走完，耗时很长，并且在进入下一个阶段时，如果上一个阶段有问题，则会影响到整个项目流程的各个阶段，需要返回去重做分析。

而敏捷开发是将大的系统拆分成一个个子系统，再把子系统拆分成子模块，尽量减少模块之间的耦合性，增加其内聚性，这样可以把团队分成多个小组，各个小组可以同时作业。另外，当一个模块需求发生变化时，对其他模块的影响也不会太大，从而实现降低开发难度的目的。

以前笔者做过房产信息网平台的建设，此平台将系统拆分成自行成交、用户权限管理、外部接口、交易管理、平台后台管理、网站前端等模块，并分别进行需求讨论，之后再将各模块拆分成各个对象，对象与对象之间只是通过公有变量传递信息，尽量减少与外部对象之间的联系。

> **总结**
>
> 　　敏捷开发就是化整为零，个个击破，将大的系统拆分成子系统，将子系统拆分成功能模块。

### 2. 团队与客户多交流

在笔者做房产项目时，为了降低沟通成本，我们团队中的所有人员直与客户面对面地沟通，从而减少了理解偏差。在项目的各个阶段，我们一直与客户保持零距离接触，随时交流、沟通。我们在客户公司现场办公，定期开会讨论需求和设计，当有一些小的不确定的问题时，团队成员会直接找客户确认，在整个项目周期中没有发生过大的需求变化。

使用这种沟通方式，可以在第一时间获取需求，解决问题，减少出错的可能性，提高开发效率，保证产品开发的质量。而且，通过这种方式会更容易取得客户的信任，让客户能够随时了解到项目的工作状态、工作进度。当客户与我们之间具备了信任关系后，余下的工作也会变得轻松、愉快。

> **总结**
>
> 　　要与客户面对面地交流，降低交流成本，促进相互信任。

### 3. 用建模的方式沟通

可以利用模型与客户沟通以及获取用户需求，而不是通过大量的文档，因为编写文档费时费力，而且效果也不好。实际上，大多数人都不喜欢花大量的时间看各种文字和参数，而使用模型则会更直观和立体。这里所说的模型不仅指我们平时设计的产品原型，还包括用例图、类图、部署图、状态图、活动图、包图、对象图、原型图、效果图、ER 图等，利用不同的图形表达出产品的不同维度，会使产品丰富而立体。

在笔者做的房产项目里，我们用原型图与客户讨论需求，用 ER 图讨论数据库设计，用类图表达产品的内部对象及交互，用部署图确定硬件部署环境及网络结构，用活动图来说明信息交互流程，用时序图来表达在时间轴下对象之间如何交互。通过各种图表来表达产品会比较直观，而且当发现错误时修改起来也比较容易，不像文档，修改不方便、维护困难，也不利于阅读和理解。

**总结**

要利用模型来代替文档进行交流。

### 4. 迎接变化

市场环境是产品的风向标，我们要随时关注市场的变化。为了迎合市场，产品也要随时变化。需求变化、设计变化……各种变化让我们焦头烂额，但我们同样也应该接受变化，只有产品快速变化，才能很好地迎接未来。**敏捷开发允许变化，通过变化给客户带来更大的竞争力**。敏捷开发利用图表来记录需求，所有代码都采用模块式设计，将不同功能尽量分割，减少关联，这是它能够也敢于迎接变化的原因。在任何项目的任何阶段都会有需求变化，哪怕是开发后期，也同样避免不了，要想办法面对变化。

敏捷开发的一个很重要思想就是"勇于迎接变化"。有人会说，你一定不是技术出身吧，做技术最不允许的就是确定的需求再修改。产品经理在与技术人员谈到一个复杂性操作时，技术人员经常会说："你确定不会修改了吧，如果你确定需求不变，我就做！"你要答应了，后面再找技术人员修改时那么就等于堵死了自己的后路。实际上，哪能一定有不修改的需求呢？我们做的产品不也是时刻在迎接市场的考验吗？在大海上航行，当风向变化，我们的大船也得时刻准备调整。**变化，本身就是为了适应，没有变化，就等于没有进步。**

作为产品经理，我们能做的应该是利用自己的智慧和敏锐的市场洞察力，尽量去感知风向，控制需求，在发现需求初期就做好充足的调研。**怕变化，不是办法，在项目初期就要做好灵活可调整的方案，如果需求真的发生变化了，要想好应该怎么办，这才是敏捷开发的思想**。需求的变化，谁能阻拦得了呢？

**总结**

从项目初期就要感知风向，合理分析需求，减少变化，但也要做好迎接合理变化的准备。

### 5. 尽早、持续地交付可运行的阶段性成果

一个项目的失败，一般不是技术原因，大多是因为客户对我们失去信任。我们需要持续不断地给客户以信任感，要与客户不断地交流、沟通，让客户感受到我们的热度，还要尽早、持续地给客户提供相应的成果（可运行的产品），让客户看到我们的能力。当然，这样还有另一个好处——能够把问题提早地暴露出来，只有提前暴露，才能提早解决，问题越晚暴露越难解决。

在笔者做房产项目时，当天完成的内容在编译没问题后，我们的团队会把修改的功能部署到平台服务器上，以便客户随时能够看到变化，了解项目进度。如果有问题，也能够尽早暴露出来。

**总结**

为了降低项目风险，要尽早交付可运行的程序。

### 6. 面对面的沟通

最快的交流方式就是面对面地沟通。在敏捷开发中，最提倡的方式是减少冗余、效率低下的沟通方式，用最快速的方法来直接沟通。让技术人员、设计人员、客户等所有团队成员在一起办公，可以避免信息交流的断路，让沟通变得顺畅。

**总结**

项目成员直接沟通，减少中间环节。

### 7. 可工作的软件是最主要的衡量标准

出再多的文档、再多的中间产物，都没有出结果来得真切。客户最关心的不是中间产物，而是成果。对敏捷软件开发来说，可以工作的软件是评测开发进度最主要的衡量标准。

> **总结**
>
> 做出可交付的软件是项目的核心。

### 8. 保持恒定的开发速度

项目开发就像长跑，在短期内快速加速并不适合长跑，而是应该持续、匀速地跑步，这样才能保证团队成员能一直坚持到最后。敏捷开发提供了可持续的开发速度，这样不仅让团队成员不至于疲惫，也有利于制定项目开发进度，控制开发周期。

> **总结**
>
> 项目开发过程是长跑，不要一开始就冲刺。

### 9. 定期优化团队

要每隔一段时间进行一次团队建设，进行批评与自我批评，找出工作中的问题及影响个人与团队发展的瓶颈。通过交流、沟通，可以找出团队及成员之间的问题，然后进行自我调整，只有通过不断地优化、升级团队，才能打造出一个能战斗的队伍。

> **总结**
>
> 要建立一支能打硬仗的队伍。

在敏捷开发中还有许多其他思想，但有的思想笔者并不太认同，例如用"测试驱动开发"，国外的公司对产品的测试要求非常高，产品的测试部门实际就是质量检查部门、质量控制部门,有着很高的权威性,开发人员对测试人员也更加尊重和认同。在国内,大多数的公司都是重开发而轻测试,从测试人员与开发人员的薪水上就能看得出来。想让测试人员驱动开发,目前在国内还是有些难以实现。

# 第 3 阶段

# 产品定位

# 第 11 天　产品的创新

## 抓住产品创新的大环境

产品是企业的核心，是企业抢占市场的武器，只有好的产品才可能在市场上获胜。现如今，软件产品琳琅满目，如何才能在市场上占有一席之地是许多企业研究的课题，而且以后还会不断地有人继续研究下去。人们的需求随着时间、空间的变化而变化着，在今天是正确的事儿，在明天可能就是错误的；在今天还是前沿的产品，在明天可能就是落后的。人的欲望无止境，人的需求永远在变化。

只有将一种技术、一种工艺、一项发明、一项改变引入企业中，通过企业运作转化成生产力，才能算作产品。产品是解决大众化需求的，改变大众生活，服务于大众才是产品的主旨。**产品是企业的核心，产品经理是产品的发明家。**

只有不断地完善、修正产品，才能使产品保持青春、充满活力。创新分为两种，一种是维持性创新，一种是破坏性创新。维持性创新就是现在常说的微创新，即给产品做"微整型"，使产品保持一份青春活力。破坏性创新是具有颠覆性的创新，它的出现不一定是给用户提供更好的产品，有可能是通过降低服务和产品质量来实现的，而同时也通过用创新改变人们的行为习惯，用低价格等其他手段来满足市场需求。

**如何抓住产品创新的机遇？只有合理、有前瞻性、有计划地创新，才有可能成就一款优质的产品。**

### 1. 看准大环境

我们能决定产品的出生，却决定不了产品的发展。如果迎合了时代的发展趋势，那么风口上的猪也会飞起来。就如同在 2003 年"非典"时期，上班族不上班了，学生被封闭了，全民都在预防"非典"。在这个大背景下，实体经济大萧条，电商行业却迅猛发展，成交量呈几何倍数增长，从而成就了今天的阿里巴巴。

### 2. 解决供需矛盾

用户与企业是一对矛盾体，用户想要的和企业能给的不一定是一样的，产品是解决大多数用户的需求，但对于特定的用户群体或有特殊需求的用户则往往无法满足，这就是为什么许多客户要求订制开发产品。产品解决不了所有用户的问题，这就形成了产品的新痛点，对于这些问题需要再整理、再分析。产品就是这样在不断地解决现有用户痛点，并形成新痛点的过程，不断地优化、强壮。

### 3. 破坏性创新

前面介绍了破坏性创新的概念，破坏性创新是对原有产品进行颠覆性的改变，而改变后的产品在当时不一定非常完美，也可能是粗陋的，但经过不断地再完善就可能成为好产品。就如同以前电话只有座机，解决不了人们在户外时的通信需求，于是就出现了"大哥大"，虽然它笨重而昂贵，但是因为具有便利性并且对原有通信模式进行了破坏式的变革，而受到大家的欢迎。再后来就出现了便利型通信产品——手机，今天已经是智能手机的天下了。每一次变化都是一次破坏性创新，新产品在问世时或多或少都会有不完善的地方，但经过不断地修复、升级后，就会成为非常完善的产品，对原产品链进行冲击。如果此时企业还在不断地完善老产品，可能就是一条有去无回的断头路，就如同十几年前的 BP 机，当新兴的手机出现时，如果企业还加大力度在完善 BP 机产品，那么后果可想而知。

### 4. 调整产业结构

中国市场是政策性+市场化的市场，政府鼓励各行业、各企业进行互联网化的创新，鼓励企业先做起来，但是当发现做起来的企业或产品有弊端的时候，政府就会出台新政策以规范当前市场。就如同互联网金融市场，自从余额宝颠覆了整个互联网金融行业，各种"宝宝"类产品、P2P 产品、定期理财产品、基金类产品等金融产品就都冒了出来，但随着 P2P 行业等公司的倒闭和跑路，政府开始对 P2P 行业进行政策性管制。所以做产品也要时刻关注政策变化、产业结构、市场情况，以便灵活应对，进行产业结构性调整。

### 5. 关注外界环境的变化

产品有着自己的生存土壤，只有在适合自己的土壤上生长才能结出丰硕的果实。我们要随时关注产品的环境变化，例如：

使用场合（使用时间、使用地点）：如凉茶多在南方销售，冰棍多在夏天销售。

地理位置（农村、城市）：如农村多养笨猪、土鸡，城里的人想吃却很难吃到。

生活方式：南方人、北方人，渔民、山民、城市居民等，都有着各自的生活方式。

需求动机：如用户买面包机是为了做面包，买婴儿奶粉是为了解决宝宝吃饭问题。

购买因素：即用户购买产品是看中产品的质量，还是看中产品的服务、价格、品牌、功能。

人员特征：用户的年龄、性别、教育程度、文化背景、收入等各种因素的变化都可能产生不同的需求。

所以，我们要不断关注产品的外界环境变化，让产品有一个更好的发展环境。

如果将不同的外界环境相互搭配，就有可能产生新的需求，例如把凉茶卖给北方人，让大学生去农村种地，让老年人学习钢管舞，让洗衣机洗土豆……要大胆想象，大胆创新，之后你会发现另外一个世界是多么广阔。

创新性思维是一种前瞻性思维，大多数产品经理都具有需求分析和设计能力，但对于创新性思维基本都有所缺失。**把握市场脉膊、拥有前瞻性目光、关注外部环境变化、解决供需矛盾等是高级产品经理的必备能力。**

产品是用来解决用户的问题的，用户的问题会随着环境、时间、地理位置等不断变化，不要静止地看待用户的需求，要把创新思想引入产品中，这样才会创造出更大的经济效益和社会效益。要不断创新，通过维持性创新使产品保鲜，通过破坏性创新来颠覆产品，最初版本的破坏性创新可能不一定非常完善，但通过对产品的不断修正、升级，就可以创造出一片新蓝海。产品创新受大环境、产业结构、产品供需矛盾、外部环境及破坏性思维影响。

## 中国式产品创新

中国的市场与国外的市场不同，在中国，我们不仅要看市场，还要看政策，政策和市场环境是产品的生存土壤，要想做好产品，不能只练内功，还要多看、多听、多思考。那么，中国的市场与国外的市场有什么不同？

### 1. 性格不同

各国人的性格都有所不同，美国人富有创造力和想象力，所以美国的产品的特点是更快、更高、更强；日本人的特点是做事认真、踏实、仔细，所以日本的产品的特点是更小、更轻、更精细；中国人的特点是喜欢历史、喜欢研究人，对人的把握是最精妙的，所有中国的产品的特点是商业模式、商业运作。不同国家设计出的产品有着不同的特点，要抓住人性谈产品，毕竟产品是给人用的。

### 2. 国情不同

中国在改革开放以前一直是计划经济，不存在产品的竞争。改革开放后，由于中国经济发展的时间较短，很多行业还有其政策性壁垒，如电信、银行、保险、铁路、医疗、航空、能源等，这些行业还是以国家政策性为导向。随着国民经济的发展和人民生活的需要，慢慢地这些行业也会走向市场化运营。因此要抓住机遇，提前布局。例如美国早期有限酒令，酒的生产是不向私营企业开放的，但有一个商人了解到酒的生产可能会被放开，就马上提前布局，开了一个酒桶厂。几年后，限酒令被解除，各企业争先抢占酒类市场，没想到最终却成全了这家酒桶厂。

### 3. 互联网＋

"互联网+"的概念是李克强总理在前两年提出的。随着此概念的提出，国家也给予互联网行业以大力支持，"互联网＋"就是让传统行业互联网化，给传统行业插上互联网的翅膀。如何才能让传统行业互联网化呢？下面以农业互联网为例，介绍如何让农产品互联网化。

晚上，城里的赵总轻点鼠标在线下单后，第二天清晨，马家坨子赵老大家种的纯天然、无污染的黄瓜就被直接摘下来送到赵总的餐桌上。赵老大家种的豆角秧生虫子了，他轻点鼠标后，第二天，附近农机站的王技术员就来解决豆角秧生虫问题了。王技术员在农村待久了，想自己种块地，他轻点鼠标后，就发现附近村庄有好几户农户想出租农田，于是他租了绑柱家的地。绑柱有钱了，想做出租农用机生意，他在网上找到了城里的赵总，签订了购买协议。之后赵总挣钱了，又想吃赵老大家的黄瓜了……

### 4. 山寨成风

许多人都喜欢走捷径，你花了两年时间呕心沥血做出的产品，人家用两个月就能开发出一套一样的，转眼间让你的心血付之东流。例如团购网站，当团购模式出来后，各类团购网站一窝蜂地杀进这个行业。两年后，大部分团购网站都消失了。

虽然我们能够快速地做出山寨产品，但我们无法做出相应的产业链条。例如我们可以模仿苹果手机做出一模一样的手机，但是无法做出苹果的应用市场（App Store）。我们可以模仿微信做出一样的聊天软件，但无法拥有微信庞大的用户群。

中国人有着自己的性格特点，我们的产品应该从人性入手，以人为本。现在许多传统产业还处在初级生产模式下，传统产业与互联网结合将是这些传统产业新的起飞点。创新可以从身边做起，多研究身边的人和事儿，多看，多思，多想，随着改革的深入，中国现有的行业壁垒将会渐渐打开，企业新的发展机遇将会到来，有能力的企业可以提前布局。山寨产品可能会对企业的冲击比较大，但只要企业打造好产品的产业链，就不惧被山寨。一句话，就是要做有中国特色、与传统行业相结合、有竞争力的网络化产业。

# 第12天　产品的可行性研究

有一天老板给你打电话："小王，请来我的办公室。"你到后，老板说："最近看了老吴写的儿童物品交换平台，很受启发，我想做这么一款产品，解决孩子们的图书、玩具和衣服再利用问题，你回去想一下，分析一下这款产品是否可行，一周后给我分析报告。"然后你就开始苦思冥想了……

上面这个场景你是否也遇到过呢？遇到这种情况该怎么办？从何处入手？

我们需要分析这个伪命题的可行性，给领导一个正确、公正的建议。那么，产品的可行性分析需要从哪些方面入手呢？如何来论证产品的可行性呢？

**产品的可行性需要从三个方面考虑：技术可行性、经济可行性和社会可行性。**

## 技术可行性

在分析产品技术可行性时要逐项分析产品的技术指标，技术可行性分析要素包括如下 4 项（见下图）。

竞争对手功能比较
技术风险及规避方法
易用性及用户使用门槛
产品环境依赖性

**竞争对手功能比较**：研究同行业有多少类似的产品，有哪些功能以及功能的异同点。通过分析竞品可以了解对方技术的特点、产品特点、发展空间、市场行情、用户喜爱程度及我们的突破点等信息。

**技术风险及规避方法**：对可能使用到的技术进行全面分析，分析在技术上是否有解决不了的问题，如果有，那么如何规避。

**易用性及用户使用门槛**：即分析产品的易用性、用户群体，产品是否会有使用门槛。

**产品环境依赖性**：即分析产品是否依赖于第三方平台、环境，例如有的 APP 就规定必须在 iOS 7.0 版本以上才能运行；有的产品只适配 IE、火狐、360 浏览器，其他浏览器不支持；有的产品在使用前必须插入 U 盾，否则无法使用等。

## 经济可行性

分析完产品的技术可行性后还要分析产品的经济可行性，即分析产品在调研、研发等阶段的支出费用和产品将来可能会带来的经济、社会效益，如下图所示。

## 1．产品支出分析

**产品支出分析包括以下 5 种。**

人力成本：分析产品从调研、分析、设计、开发、测试到运维等需要多少人力，多少个月，以及每个人月平均成本是多少。

软件、硬件成本：分析产品生产及上线后需要购买哪些软件及硬件，例如软件产品用到的数据库、开发工具、第三方软件、服务器数量、路由器、网络等成本。

市场开拓、广告、运营成本：分析产品投放市场后的推广、营销方式，以及需要的推广、营销成本和广告成本等。

后期维护升级成本：产品需要不断升级，所以要分析产品升级需要的人力、资源等成本。

其他支出：还要分析公司运营的成本、办公成本、工位成本等。

## 2．产品收益分析

**产品收益分析包括以下 6 种。**

一次性销售：要分析产品的销售收益，例如 OA 产品，当用户购买后就会产生一次收益。

服务费收益：有的产品是通过收取平台服务费获得收益的，像许多 SAAS 平台、教育平台等，因此需要分析这方面的收益。

**投资回报周期：**即分析产品多长时间能收回收益，每个月的收益率是多少，以及可能产生的收益波动等。

**产品生命周期：**任何产品的生命周期都包括起步期、发展期、成熟期和衰退期，因此需要分析产品的整个生命周期，以及产品的收益时间。

**使用人数及用户规模：**产品使用人数及规模代表着产品的未来发展潜力及产品的覆盖率。因此，可以通过现有的竞品和人群来分析产品的发展潜力，以及可能具有的用户规模。

**隐性价值：**即分析通过产品的开发可能带来的其他价值，如口碑、行业地位等。

## 社会可行性

最后要分析的是产品的社会可行性。

广义的社会可行性分道德可行性、法律可行性和社会可行性。

**道德可行性：**产品要符合道德标准，符合大众的审美。不要开发一些传播低级内容、负能量的产品。

**法律可行性：**产品不能触犯法律，否则产品是不会走远的，例如一些赌博产品、黄色网站等。

**社会可行性：**具体包括以下几方面。

社会层面：产品一定要能解决社会中存在的某类问题，并能带来社会价值。

社会影响力：要分析通过产品的推广，产品将会给公司带来哪些社会效益，增加多少社会影响力。

自有资源：要分析自己的产品具备哪些优势，通过这些资源能带来多少效益。

通过以上三个方面的分析，基本可以从各个方面诠释出产品的可行性。产品的可行性分析是通过对产品的市场需求、资源供应、建设规模、环境影响、资金筹措、盈利能力等方面进行分析，从技术、经济、社会三个方面进行调查研究和分析比较，从而给出产品建设性意见，为产品决策提供依据。可行性分析应具有预见性、公正性、可靠性、科学性。

## 第 13 天　用麦肯锡市场细分法寻找蓝海

企业为了寻求持久、获利性的增长，需要在市场上与竞争对手进行激烈的竞争，然而在过度拥挤的成熟市场里，硬碰硬的竞争会使企业陷入"红海危机"。企业为了站稳脚跟，要么对产品做深加工，要么投入更大的宣传力度。但是在成熟的市场中，用户总量是有限的，此消彼长，只能通过投入更多的资金来尽量地提高市场份额，而最终的结果是各企业都无法获利（见下图）。

企业只有突破已知的领域，打开新的市场空间才有可能获利，这个新的市场空间叫作"蓝海"。蓝海市场前景广阔，利润丰厚。那么如何才能找到蓝海市场呢？如果在设计产品时将目光从供己方转换到需求方，将需求点筛选并排序组合，就有可能重建新的市场规则，从而打开一道新的市场空间，以摆脱"红海危机"。从打破现有需求点组合因素角度考虑，就需要对需求方的各种需求点元素进行筛选并重新排序组合。那么从哪些角度分析需求方的各种需求点元素呢？下面介绍一个重要的市场细分方法——麦肯锡市场细分八法。

先来说一说麦肯锡公司。麦肯锡公司于 1926 年在美国创建，同时它也开创了现代管理咨询的新纪元，现在，麦肯锡公司已经成为全球最著名的咨询管理公司之一，市场细分八法就是由麦肯锡公司提出的。

做产品最重要的是懂用户，知道用户想要什么。要做好产品先要分析用户，只有对用户分析透彻了，产品才能有用户。例如分析用户在什么时间、什么场合会使用产品？用户为什么要使用产品？用户使用产品后的想法与态度如何？用户是否愿意为使用产品支付费用，以及为什么愿意支付费用？

另外，用户也有其自身的特点，这些特点都会影响用户对产品的使用，例如用户所在地域、性别、性格、收入状况、教育程度等。

想要分析一款产品，先要弄清楚用户的各种特点、购买动机、价值观，这样才会有的放矢，透过现象看本质。产品是给人用的，锁定目标用户群体是产品开发的第一步。产品是要面向全国市场，还是面向当地市场？用户人群是年轻人、中产阶级，还是企业家？把一切都分析清楚，才能做出符合用户定位的产品。

经过如此努力生产出产品后，你会发现市场上还有许多与你的产品类似的产品。那么如何才能不走寻常路，避开红海竞争呢？这一切还要站在用户的角度来考虑，先来看下麦肯锡市场细分八法，如下图所示。

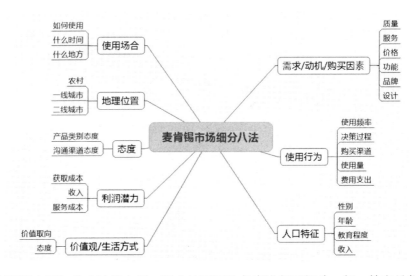

麦肯锡市场细分八法将市场、用户从不同的角度进行了细分，每一款产品都有一个合理的使用场景，产品就是要解决用户在某一个场景下的某类问题。但人们的思维

往往受传统思维的影响：去同一个地点，坐飞机一定比坐火车贵；衣服质量一定是大品牌比小品牌的好。产品也同样受到思维的限制，这才是导致红海中不断有新产品上线，但又与同行业中的大多数产品趋同的原因。可以将用户习惯、地理位置、价值观、人口特征等进行换位匹配，打破常规思维。例如凉茶是南方的饮品，在北方并没有，而加多宝则把凉茶带到了北方。在其他行业中也有很多公司在这样做。像国航等大型航空公司，其定位中高端用户，主要服务于成功人士、公务出差人群和白领人群，一张机票＋燃油附加费一般在 600 元以上，对于普通大众，坐飞机确实比坐火车等交通工具贵许多。大航空公司之间的竞争异常激烈，各航空公司平时基本都不能保证飞机满员，如果想打开新的市场空间，就需要再重新定位服务群体。而春秋航空（见下图）用低票价来吸引乘客，其 99 元、199 元、299 元的票价已经可以和火车票比肩，并且飞机上取消了非刚性需求——饮料、报纸、午餐等，只为乘客提供一瓶矿泉水，春秋航空公司的年上座率达 95%，在淡季很多航空不盈利的时候，春秋航空仍然满座飞行，对于服务群体的重定位，使得春秋航空找到了自己的春天。

春秋航空

这就是蓝海思维，打破常规，将用户、市场中的各个元素重新匹配，让不同的元素重排序、重组合，将产品重定位，这会让你发现一片不一样的天空。

## 第 14 天 产品在行业中如何定位

产品的生命周期分为起步期、发展期、成熟期和衰退期（见下图），不同时期的产品价值和意义有所不同。产品在起步期如初生的婴儿，如果有良好的环境就会茁壮成长，但对于处于这个时期的产品也要不断调整和升级以适应外部环境；发展期的产品犹如青年人，身强体壮、精力充沛，各方面的机能都处于最优状态，对于处于这个时期的产品要继续发挥优势、占领市场；成熟期的产品犹如中年人，处于人生巅峰，同时也意味着不会有太大的发展空间，对于处于这个时期的产品要尽量扩大收益；衰退期的产品如同老年人，身体机能下降，渐渐地退出历史舞台，对企业来说升级价值有限，对于处于这个时期的产品建议选择性放弃。

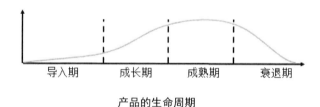

**产品的生命周期**

但是在现实中我们很难知道产品处在哪个生命周期。有什么方法能让我们知道产品的当前状态和所处的生命周期呢？下面介绍如何用波士顿矩阵法（BGC 矩阵法，见下图）分析产品的生命周期。

在波士顿矩阵法中，将市场占有率（相对市场份额）和市场增长率分别作为横坐标和纵坐标，并划分为 4 个象限，横坐标表示产品在目标市场中的占有率，数值为右低左高；纵坐标表示产品在目标市场中的增长率，数值为下低上高。

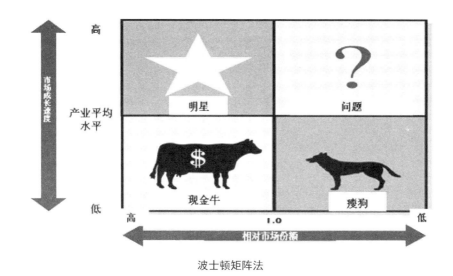

波士顿矩阵法

市场占有率低，但市场增长率高的产品被称为**问题产品**。市场占有率低说明产品的发展空间很大，市场增长率高说明产品的发展势头很猛，这类产品犹如新生儿，只要耐心扶持、营养跟上，前景一定是光明的，此类产品为起步期产品。

市场占有率高，并且市场增长率也高的产品被称为**明星产品**。占有率高说明市场空间有限，增长率高说明产品的发展势头很猛，此类产品可划为成长期产品。

市场占有率高，但市场增长率低的产品被称为**金牛产品**，占有率高说明市场空间有限，增长率低说明产品的发展势头减弱，此类产品可被划分为成熟期产品。

市场占有率低，并且市场增长率低的产品被称为**瘦狗产品**，占有率低说明市场空间很大，增长率低说明产品的发展势头减弱，空间很大但在市场上发展状态又不好，说明此类产品已经进入了衰退期。

下面具体介绍每种产品的症状及处理方式。

### 1. 瘦狗产品

**症状**：瘦狗产品也被称为衰退期产品。它是处在低销售增长率、低市场占有率象限内的产品。"瘦狗"这个词很贴切，形容产品又瘦又小，只能啃啃骨头。其财务特点是利润率低，处于保本或亏损状态，负债比率高，无法为企业带来收益。

**处方**：对于这类产品应采用撤退战略，首先应减少市场份额，逐渐撤退，对于那些市场增长率和市场占有率均极低的产品应立即淘汰。其次是将剩余资源向其他产品转移。例如当年的传呼机，随着手机的出现和普及，传呼机市场萎靡、衰退，企业如果发现传呼机的市场增长率在下降、市场占有率低，就应该及时关注，如果此类产品大势已去，就要及早布局，逐渐撤出市场。实际上，当年的柯达也同样面临这种情况。

### 2. 金牛产品

**症状**：金牛产品也被称为厚利产品，它是指处于低市场增长率、高市场占有率，已进入成熟期的产品。金牛产品，多肉还多金，有稳定的现金流，能为企业带来高利润。其财务特点是销售量大、产品利润率高，负债比率低，市场增长率低，表明此类产品已占有较大的市场空间，无须增大投资，即使增加投资效果也不会太明显。

**处方**：此类产品可以为企业回笼资金，支持其他产品。对于此类产品，应压缩投资，采用榨油方法，争取在短时间内获取更多的利润，为其他产品提供资金。对于在这一象限的市场增长率仍有所增长的产品，应进一步进行市场细分，维持其现存市场增长率或延缓其下降速度。对于金牛产品，适合采用事业部制进行管理，其经营者最好是市场营销型人物。例如，如今的通信市场已经被电信、联通、移动这三家通信运营商三分天下，用户群体固定，即使再投入大量的资金在通信业务上，也不会有太大的产出。这三家公司应该利用现有市场盈利来培养其他优质的产品线，以保持业务的再增长。

### 3. 明星产品

**症状**：明星产品指处于高市场增长率、高市场占有率象限内的产品。这类产品可能会成为企业的金牛产品，需要加大投资以支持其迅速发展。

**处方**：对于此类产品，应积极扩大经济规模和市场机会，以长远利益为目标，提高产品的市场占有率，加强市场竞争地位。管理与组织明星产品最好采用事业部的形式，让事业部专门运营此类产品，例如智能产品。以智能穿戴产品和智能家居产品为代表的智能产品大大提高了人们的生活质量，改善了人们的生活方式，其潜在用户群体巨大、市场空间无限、销售增长率快速，在这方面比较有代表性的公司就是小米公司，其生产的小米手环、小米运动鞋、小米电子秤、小米盒子等一系列产品将会打造出一个小米帝国。

### 4. 问题产品

**症状：**问题产品是处于高市场增长率、低市场占有率象限内的产品。此类产品一方面说明市场机会大、前景好；另一方面说明在市场营销上存在问题。其财务特点是利润率较低，所需资金不足，负债比率高。在产品生命周期中处于起步期、因种种原因未能开拓市场局面的新产品即属此类产品。

**处方：**对问题产品应采取选择性投资战略，对于成长性好、有竞争优势的产品，要加大扶持；对于优势不明显、可能会出现瓶颈的产品，要选择性放弃。对问题产品的改进与扶持方案一般均会被列入企业的长期计划中。对问题产品的管理组织，最好采取智囊团或项目组织等形式，选拔有规划能力、敢于冒风险、有才干的人负责。许多中小企业的产品大多是这种类型，因为企业规模有限，不足以支持产品的发展，不能快速占有市场，所以产品市场占有率不高。但由于其创新性和定位点好，市场增长率不错。如果想让此类产品更好地发展，成为明星产品，就需要加大投资，提高市场占有率。

在波士顿矩阵中（见下图），各象限的产品是可以动态转换的，要利用好企业资源，认真分析产品特点，抛弃瘦狗产品，压榨金牛产品，发展明星产品，解决问题产品。为各类产品把好脉、开好方、下好药，产品才会更合理地发展。

| 问号 | 明星 |
|---|---|
| 收益特征：低，不稳定，但在增长 | 收益特征：高，稳定，增长 |
| 现金流：负 | 现金流：中性 |
| 战略：通过业务分析确定该业务是否可发展 | 战略：继续投资，促进增长 |
| 成"明星"业务，或退化成"瘦狗"业务 | |
| 瘦狗 | 现金牛 |
| 收益特征：低，不稳定 | 收益特征：高，稳定 |
| 现金流：中性，或负 | 现金流：高，稳定 |
| 战略：剥离 | 战略：最大限度地榨取（挤奶） |

## 第15天 产品要简单清晰、主题明确

记得小时候语文老师在教我们写作文时常说："写作文时要把人、事、物写清楚，作文的主题要清晰，中心思想要明确，事件叙述条理要分明。"这些话至今让笔者记忆犹新。做产品也是一样的，也要弄清人（用户）、事（需要解决的问题）、物（产品功能），设计要简单清晰、主题要明确。经常有人说："产品的设计原则就是简单，简单，再简单"。简单只是手段，尽量让产品的设计变得简单，才能使产品的功能清晰、主题明确。让用户在打开产品的同时就能知道产品是做什么的，这才是一款好产品。在移动互联网盛行的当下，由于手机屏幕的限制，不要给产品增加太多的附加功能，每增加一个附加功能就会给产品增加一份复杂度，产品的功能越复杂就越难以让用户理解，最完美的产品永远是看起来最简单的产品，如 iPhone、抽水马桶（见下图）。

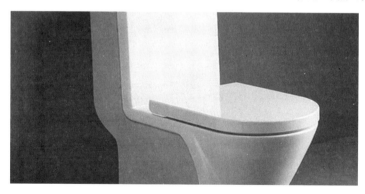

抽水马桶

产品要能够解决用户在某个方面的问题，如果想让用户在第一时间能想到你的产品，首先就要做专，让自己的产品成为某一个行业的代表。例如提起抽油烟机就能想到老板、方太，提起冰箱就能想到海尔，因为它们在某个特定的行业里已经成了领航者。再例如淘宝解决了用户网购的问题，支付宝解决了用户网上支付的问题，微信解决了好友之间沟通的问题，以上这些产品都能在某一方面解决用户在某个方面的问

题。所以，要想做好一款产品，一定要主题明确，主题就像文章的中心思想，所有的需求、分析、设计都要围绕着这个主题展开，切忌偏离主题、跑题。

有时要适当地给产品做减法，做减法就像给树木修枝。当产品的功能太多了，过于繁杂时，就要考虑为其修剪枝叶，如果不及时修剪，则会影响树木的生长。对于产品，不能突出主题或离题较远的功能就要修剪掉。

围绕主题展开的人、事、物都是产品的**核心功能**，如滴滴打车的打车功能就属于其核心功能；为了更方便用户，为用户提供的与主题有关的服务性、便捷性功能就是产品的**基础功能**，这些功能可以更好地服务于用户，让用户使用产品时更加轻松，如滴滴打车的地图导航功能；另外一些离主题较远或由于便捷性功能而衍生出的其他功能，则是产品的附加功能，这些功能可以让产品有更大的扩展性，功能更加强大，但是如果没有这类功能，则并不会影响产品的完整性。对于这些功能的取舍，要根据产品的实际情况来考虑。为了突出产品的主题，建议尽量不要为产品增加附加功能，这样一方面会增加产品的复杂度，让操作变得复杂；另一方面会冲淡产品主题，甚至跑题。

说到产品要简单清晰、主题明确，有一部分产品却是反其道而行，而且还做得有声有色，如 58 同城（见下图）和赶集网。

58 同城

58 同城为什么可以有多个主题呢？笔者认为，产品的主题实际与产品的定位有关，前面提到过，产品用来解决用户的一个问题或一类问题，58 同城虽然看起来中心点很多，但是它的产品定位就是为同城用户提供服务，与本地老百姓生活相关的都是服务内容，这就是它的主题。那么，找工作、找房子、找月嫂……这些功能的存在全都变得合理了，这些都是本地老百姓生活的一部分。但是对大多数产品来说，不建议做成这种复杂的业务模式，因为用户会很难理解，产品也很难脱颖而出。就像在影片《国产凌凌漆》中星爷有一段经典的台词："表面上看它是一个大哥大，但是你看，那里有一层白色的金属网膜，实际上它是一个刮胡刀，即使在我执行任务的时候，也能够神不知鬼不觉地刮胡子。至于这个，从外观上看它是一个刮胡刀，原来它是一个吹风机。"对于一款既是吹风机又是刮胡刀的产品（见下图）可能只有特工才会需要吧。只有降低产品的解释成本、降低用户的理解成本，才能做出好产品。

影片《国产凌凌漆》

如果你的产品定位不是像 58 同城这种综合性的平台，而是定位于解决用户的某一方面问题，在解决了用户的问题的同时再衍生去解决其他问题，就会让产品变复杂，从而增加了用户的理解成本。

**下面是给产品经理的 7 条建议。**

**建议一：**产品只能有一个中心，这个中心只解决用户的一个问题。

**建议二：**对于产品多出来的主题，建议另起炉灶，另开火，产品之间可以建立弱关联。

建议三：如果产品的功能太复杂，那么可以剪去产品的附加功能，让产品变得简单。

建议四：产品的风格设计要尽量清爽、干净，让人看起来舒服。

建议五：产品的功能分为核心功能、基础功能和附加功能，产品的定位是主题、核心功能，类似城市的二环区域，基础功能是三环区域，附加功能是四环区域，如果城市建设影响了城市的发展，就要保住城市的中心。

建议六：在做产品分析和设计前要确定用户，准确把握用户才能准确地把握需求。

建议七：用户是由产品定位决定的，做好产品的定位才能准确地把握用户。

有人说，产品就要做得简单、简单、再简单。也有人说，做产品就得不要让用户想，不要让用户等，不要让用户烦。这一切都是在说简单才是美，只有简单的设计才会使产品的主题更明确。别人一眼就能看透的产品，不是说产品做得太烂了、没内涵，而是说产品做得太好了，无须学习就能上手。以前的软件都会有一套厚厚的使用说明书（用户手册），产品有使用说明书，说明产品做得还不够好，只有让用户看不懂的产品才需要写使用说明书。

# 第 16 天  产品经理必须掌握的 SWOT 分析法

## 用 SWOT 分析法分析产品机遇

达尔文的进化论告诉我们：生物之间存在着生存争斗，适者生存，不适者则被淘汰，这就是自然的选择。生物正是通过遗传、变异和自然选择，从低级到高级，从简单到复杂，种类由少到多地进化着、发展着（见下图）。

人类的进化

好的思想是可以跨界的，真理得来不易，要细细咀嚼，下面分析进化论对软件产品有什么样的指导意义。

"生物之间的生存争斗"是在说企业与对手之间的竞争关系，它们共同抢占同一块市场，为了生存而互相争斗。

"适者生存，不适者则被淘汰"，外界环境的变化对产品的影响很大，能适应变化的产品得以发展，不适应变化的产品将被淘汰。

在自然法则下能生存下来的，不是最强壮的，也不是最聪明的，而是最能适应环境变化的。如何适应环境变化，增加自身的抵抗力、免疫力？这既需要了解产品的自身状况，还需要了解外部环境变化。

如何才能让企业了解产品内部因素和外部环境变化？

SWOT 分析法也叫态势分析法，是在 20 世纪 80 年代由美国教授韦里克提出的，经常用于企业（产品）战略决策、竞争对手分析。其中 **S（Strength）**表示竞争优势，**W（Weakness）**表示竞争劣势，**O（Opportunity）**表示机会，**T（Threats）**表示威胁。优势、劣势为企业（产品）内部因素，受产品品质、材料、人员、机器、渠道、服务等因素的影响；机会、威胁为企业（产品）外部因素，受市场、经济、社会、政策影响（见下图）。通过 SWOT 分析法，可以找出产品的发展优势、劣势、机会和威胁，只有更好地了解自己，了解对手，了解环境，才能处变不惊，泰然处之。

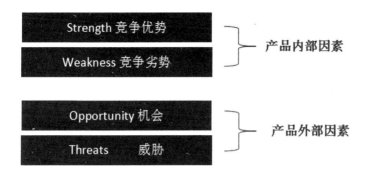

先来看一下 SWOT 分析法示意图，如下图所示。

### 1. 竞争优势、劣势分析

竞争优势指一家企业超越其竞争对手的能力，或者企业所特有的能提高竞争力的优势。

竞争劣势指一家企业与其竞争对手相比，存在做得不好或没有做到位的地方，从而使自己处于劣势。

可以通过以下几个方面对产品进行优势、劣势分析。

SW 分析主要从 Q、C、D、M、S 这 5 个领域分析产品内部环境与竞品之间的对比。

Q——品质：指产品质量的安全性、稳定性、可靠性、美观性、适用性、耐久性、经济性等。

C——成本（价格）：指同样等级产品的生产成本、销售成本、服务成本等和销售价格（产品盈利能力）。

D/D——产量、效率、交付能力：指生产总量、生产能力、综合效率、人均产量、人均附加值等。

D/L——产品研发/生产技术（产品技术和制造技术）：指新产品设计开发能力、开发周期、专利技术、专有技术、技术创新能力等。

M——人才/设备/物料/方法/测量：包括以下几个方面。

- 人才：指是否具有经验丰富的优秀管理人才、技术人才、优秀的管理团队、技术团队。
- 设备：指是否具有先进高效率的生产线，现代化高精度的生产设备、检验设备。
- 物料：指是否具有优秀的供应商团队，一流的供应链，高质量、低价格物料稳定的供应。
- 方法：指是否具有先进的管理方法、管理体系、畅通的信息（比其他对手更能优先获得信息）。
- 测量：指是否具有先进的测量仪器、科学的测量方法、完整的品质控制体系。

S——销售/服务：包括以下几个方面。

- 销售：指是否具有强大的销售网络、优秀的销售团队、丰富的销售经验和技巧、灵活的市场变化应对能力、优秀的品牌形象、品牌的价值及市场认可度、良好的客户关系、忠诚的消费者。
- 服务：指是否具有完善的售后服务体系、优质的服务、满意度高的客户群。

与竞品之间的优势、劣势分析需要从以上这些方面考虑，从各方面与竞品进行对比，找出异同点，这样才能知己知彼。

下面以京东、淘宝为例，对比两者之间的优势和劣势，如下图所示。

| | 优势（S） | 劣势（W） |
|---|---|---|
| 京东 | Q：产品质量有保证。<br>C：平台搭建成本高，自建队伍费用开销巨大。商品价格公道。<br>D：自有快递公司、送货快速、快递人员服务质量高。<br>M：公司运营稳定，人才众多。<br>S：销售覆盖大中城市。营销、推广能力强。 | Q：品类相对淘宝选择性少些。<br>C：商品有的没有淘宝便宜。经营成本高、无收益，需要不断融资输血。<br>D：快递覆盖大中城市，有的三四线城市和农村有的地方快递无法送到。<br>S：消售渠道覆盖大中城市，小城市和农村有的没有覆盖到 |
| 淘宝 | C：平台化运营，做好基础服务就可以，经营成本低。公司盈利。<br>D：第三方快递公司可以覆盖到所有大中小城市和农村，送货全覆盖。<br>M：公司运营稳定，人才众多。<br>S：全国业务全覆盖。营销推广能力强。 | Q：产品假货较多，质量不好保证。<br>C：价格参差不齐，用户选择成本高。<br>D：送货效率低，送货服务良莠不齐。<br>M：第三方客户不好监管，服务质量和信誉不高。 |

分析优势（**Strength**）和劣势（**Weakness**），可以很好地了解产品内部因素，利用 SW 分析方法可以对产品内部各个方面因素一一进行梳理，更全面地了解产品现状。

分析机会（**Opportunity**）和威胁（**Threats**），其实分析的是产品的外部环境因素，外部环境因素可以通过 PEST 方法从政治、经济、社会、科技这 4 个角度来分析。

内部因素＋外部因素就构成了企业（产品）战略，所以企业（产品）战略的公式为：

$$企业（产品）战略＝内部因素（SW）+外部因素（OT）$$

### 2．机会分析、威胁分析

看完进化论的前半句，继续看它的后半句："生物正是通过遗传、变异和自然选择，从低级到高级，从简单到复杂，种类由少到多地进化着、发展着。"同理，产品需要不断地升级迭代、优化、更新，要适应市场和环境。产品迭代升级的过程就是产品从低级到高级、从简单到复杂的过程。为适应不断变化的环境，避免在红海市场中搏杀，就要做差异化产品，这就是物种的变异过程。只有变异才能适应新的环境，找到新的蓝海市场。通过不断地变异、更新，新的产品品类才会诞生。

机会是指产品在某个领域占有绝对优势，在这个领域中，该产品具有较强的竞争机会。

威胁是指在某一环境内对产品发展的不利因素，如果不采取果断的战略行为，那么这种不利因素将导致产品的竞争地位受到削弱。

利用 PEST 分析法可以找出产品的机会点和威胁点。

PEST 为一种企业所处宏观环境分析模型，所谓 PEST，即 Political（政治）、Economic（经济）、Social（社会）和 Technological（科技）。

P——政治因素：指政治环境是否稳定，国家政策是否有变化，贸易环境是否有变化。

E——经济因素：指国民收入如何，用户群经济状况如何，宏观经济如何，当前经济如何，未来经济如何。

S——社会因素：指人口多少，潜在用户量多少，人口流动性多少，人们的消费心理如何，文化传统如何，价值观如何，宗教信仰如何。

T——科技因素：指技术实力如何，国家对本行业是否有扶持，技术商品的转化性如何，专利保护程度如何，技术环境如何，研发周期如何。

通过对政治、经济、社会、科技因素的分析，可以更清晰地梳理产品各方面的外在因素，做好产品定位，找出机会点和威胁点。

PEST 分析法分析的 4 个方面与软件可行性分析的分析点基本是一致的，即政治可行性、经济可行性、社会可行性和技术可行性。所以，PEST 分析法不仅适用于 SWOT 的机会点、威胁点分析，还适用于产品的可行性分析。不同的是，可行性分析在产品立项前进行，PEST 分析应该在产品生产后进行。

PEST 分析法的具体分析项如下图所示。

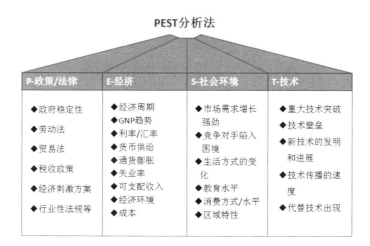

市场环境瞬息万变，任何企业都处在变化之中，静态的分析是无法满足市场快速变动的。因此，随时、灵活地运用 PEST 分析法才会取得好的效果。如果将产品的内部环境及外部环境做成一张大表，随时记录产品的环境变化，那么通过这样动态分析数据，就能及时、准确地展现出当前的产品环境，以便企业做出正确的判断。

## 如何用 SWOT 分析法对产品进行管理

利用 SOWT 分析法（态势分析法）可以得出产品的优势、劣势、机会、威胁，通过分析可以对产品的外部环境和内部环境有更深层的了解，也便于更好地对产品进行布局。下面具体介绍如何梳理环境变化数据并利用数据进行深度分析。

## 用 SWOT 分析法给产品功能分优先级

使用 SWOT 分析法分析产品后，将收集的每条信息按重要度、紧急度、影响度进行整理，以得出各条信息的优先级。将对企业（产品）影响最直接、最重要、最迫切、最久远的信息找出来，将这些影响设为高优先级；将对企业（产品）影响间接、次要、短暂的信息找出来，设为低优先级。

收集使用 SWOT 分析法整理产品的优势、劣势、机会、威胁的信息后，将各组信息分别放入下表中对应的"内容"栏中。

| 区分 | 内 容 | 优先顺序 | | | | 区分 | 内 容 | 优先顺序 | | | |
|---|---|---|---|---|---|---|---|---|---|---|---|
| | | 重要度 | 紧急度 | 影响度 | NO | | | 重要度 | 紧急度 | 影响度 | NO |
| S | | | | | | W | | | | | |
| | | | | | | | | | | | |
| | | | | | | | | | | | |
| O | | | | | | T | | | | | |
| | | | | | | | | | | | |

如上表所示，将优势信息放在 S 区分，将劣势信息放在 W 区分，将机会信息放在 O 区分，将威胁信息放在 T 区分。再对每条信息按重要度、紧急度和影响度分别打分。分数为 1~5 分：5 分表示非常重要，4 分表示很重要，3 分表示重要，2 分表示不重要，1 分表示非常不重要。紧急度与影响度的打分也使用相似的方法，通过 3 个维度的分数计算总分，根据总分的高低得出对应内容的权重，然后根据权重评出优先级。

重要度、紧急度、影响度分级方式如下图所示。

| 项目 | 评价 | 项目 | 评价 | 项目 | 评价 |
|---|---|---|---|---|---|
| 重要度 | 5 非常重要 | 紧急度 | 5 非常紧急 | 影响度 | 5 影响非常大 |
| | 4 很重要 | | 4 很紧急 | | 4 影响很大 |
| | 3 重要 | | 3 紧急 | | 3 影响大 |
| | 2 不重要 | | 2 不紧急 | | 2 影响不大 |
| | 1 很不重要 | | 1 很不紧急 | | 1 影响很小 |

将每个影响项的重要度、紧急度、影响度进行评分，最后计算总分，按总分排出优先级。通过评出优先级可以在处理问题及迭代产品上做到有章可循、有据可依。

## 用 SWOT 分析法进行战略规划

通过 SWOT 分析法，可以找出影响产品的内部因素和外部因素，这些信息看似都是独立存在的，但是如果用战略的眼光来看 S、W、O、T 这 4 个象限的内容，并将信息连起来分析，那么将会是另一种局面。在优势环境下可能存在外部威胁，在劣势环境下也可能存在发展机会，所以只有综合地看待内部因素及外部因素，才能得出正确的分析结果。

　　把 S、W、O、T 分别进行组合，可以得到各种信息。

　　SO：优势＋机会（利用外部机会发展内部优势）。

　　WO：劣势＋机会（利用外部机会弥补内部劣势）。

　　ST：优势＋威胁（利用自身优势减少外部威胁）。

　　WT：劣势＋威胁（回避外部威胁减轻内部劣势）。

　　可以利用组合方式将 S、W、O、T 建成十字坐标，其中 S 和 W 为横坐标，O 和 T 为纵坐标，如下图所示。

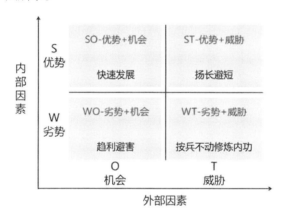

　　有时最不了解自己的人就是自己，做 SWOT 分析就是要让企业更好地了解自己。利用 SWOT 分析法可以不断地收集信息、完善模型，将各因素分放到这 4 个象限中，并找出解决办法。

　　道理都是相通的，前文介绍过波士顿模型，波士顿模型与 SWOT 分析法也有相通之处。波士顿模型是通过市场增长率和市场占有率来分析产品的发展状况，并得出产品的发展前景，对于优势产品要加大投入，对于劣势产品要选择放弃。只有正确地认识产品的当前状况，才能做出正确的选择。

### 利用 SWOT 分析法综合分析图表

对于产品所面临的威胁和劣势，要重点关注，着重分析。将问题整理成表格并对每组数据的现状、原因、对策一一进行分析，将大问题分解成小问题，利用优势与机会弱化劣势与威胁，得出可实操、可落地的解决方案。并将任务落实到人，在执行过程中要不断收集反馈信息，跟踪进度，了解执行情况及执行效果，以便于随时调整方案。

下表为产品的劣势及威胁原因分析及对策计划表。

| 区分 | NO | 项目 | 内容 | 现状调查 | 原因分析 | 对策措施 | 目标 | 担当 | 展开日程 | | | 效果评价 |
|---|---|---|---|---|---|---|---|---|---|---|---|---|
| | | | | | | | | | 1月 | 2月 | 3月 | |
| 劣势 W | | | | | | | | | | | | |
| | | | | | | | | | | | | |
| | | | | | | | | | | | | |
| 威胁 T | | | | | | | | | | | | |
| | | | | | | | | | | | | |
| | | | | | | | | | | | | |

### 总结

利用 SWOT 分析法可以更好地分析影响产品发展的内部因素和外部因素，通过收集和分析内部因素和外部因素，再制定有效的解决方案，可以做到有组织、有计划、有步骤地处理问题，让好的方面向更好的方向发展，尽量规避和消除坏的方面。只有认清自己、对手和外部环境变化，才能正确地制定产品战略，规划产品方向。所以，SWOT 分析法不仅是竞品分析的方法论，还是一个综合分析企业及产品的宏观战略。

## 第 17 天　细说马斯洛需求层次理论与产品的关系

　　马斯洛需求层次理论是美国心理学家马斯洛于 1943 年在《人类激励理论》论文中提出的。他将人类的需求像阶梯一样从低到高分为五个层次，分别是：生理需求、安全需求、社交与归属感需求、尊重需求和自我实现需求，如下图所示。

　　这里为什么要介绍人的五级需求呢？因为做产品就是研究人。不了解用户，如何能设计出好的产品？我们首先要弄清楚的是——我们的产品到底要解决客户哪个层级的需求，要解决到什么程度。

　　马斯洛这五级需求分别代表着人的不同阶段（见下图）：

　　**生理需求**：即人的基本需求，包括吃饭、睡觉、性、穿衣等，这是人的最低层次的需求。

　　在原始社会中，人们争抢食物，与大自然搏斗，以草叶、树皮为衣，共同狩猎，生理需求是这个时期的人们的最基本需求。

　　**安全需求**：包括人身安全、财产安全、工作有保障、家庭稳定。在封建社会中，人们大多生活在压迫与战争之中，在这个时期安全是人们最迫切的需求。

社交与归属感需求：人是社会性动物，在社会群体中才能体现出自我价值，人需要与他人交往、交流、合作。在工业社会中，蒸汽机的发明使人类社会从手工业走向工业，社会进入了大发展的时代，通过人们的合作，轮船、飞机、电灯、电视等工业产品大量被生产制造出来，这些工业产品又促进了人类的发展，人们社会发展开始腾飞。

尊重需求：当人们解决了以上 3 种最基本的需求后，就会产生更高的需求——被理解与被尊重。人人都希望自己有稳定的社会地位，希望自己的能力和成就得到他人的认可。在当今社会中，很多人已经不仅仅是为了生存而努力，当吃饭问题解决后，下一个要解决的就是吃好的问题。"90 后"和"00 后"活得更加潇洒和自信，因为衣食住行已经不再是他们考虑的问题，他们需要得到的是被尊重、被理解与被认可。而我们对于人的研究应该更多地从这个层面出发，如何让人们活得更加精彩，如何更好地服务好大众才是我们的出发点和思考点。

自我实现需求：自我实现需求是最高层次的需求，它是指实现个人理想、抱负，发挥个人的能力去实现自身的社会价值，解决社会问题，实现人生理想。例如各类社会名流对社会的捐款、帮助，对国家的回报与回馈。研究此类人群的需求，将会让产品达到质的飞跃。产品不应该仅是满足于大众的需求，而应该是超越大众需求。

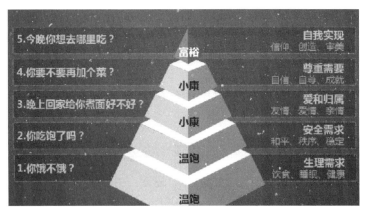

产品的层级与马斯洛需求的 5 个层次是如何对应的呢？

第一层级产品——核心产品，满足用户的核心利益。例如你在沙漠里开了一家旅店，外面风很大，客人在这时也没什么可挑的，能遮挡风雨就不错了，不论饭菜有多难吃，只要能吃饱就可以了。

第二层级产品——**基本产品**，满足用户的基本需求。例如，到吃中午饭的时间了，赵三来到一家小饭店，虽然这里店面不整洁，饭菜口味也一般，但毕竟还算便宜，也能满足他的基本需求。

第三层级产品——**满意产品**，满足客户期望的需求。客户想要的正是你所提供的，这时客户的满意度是比较高的。还以饭店来举例，又到了饭点，白领小王来到了一家快餐店，这里店面整洁，价格实惠，一碗盖浇饭加一碗汤共 20 元，服务员的服务态度也可以，这让他们很满意，这就是满足了他们期望的需求。

第四层级产品——**期望产品**，不仅满足用户期望的需求，还有一定的附加功能和服务，远超过用户的心理预期。例如小王带着女朋友来到了丽都大饭店，服务员很热情，餐厅整洁大气，饭菜可口，而且席间餐厅还为这对小情侣单独拉了一段曲子，让小王很有面子，这就满足了小王的被尊重需求。

第五层级产品——**超越产品**，产品已超越了用户的想象，用户已变成了产品的粉丝，为它尖叫。例如小王来到了巨龙大酒店，顶级大厨师为他做菜，做的已经不再是他尝过的美味，而是挑战他的味蕾的超级美食。

马斯洛需求的 5 个层次对应着不同层次的产品，只要用心就有可能做出属于你的好产品。

# 第 18 天　如何写好商业需求文档

## 什么是商业需求文档

商业需求文档，即 BRD（Business Requirement Document）：

Business：生意；商业，交易。

Requirement：要求；必要条件；必需品。

Document：文档，证件。

商业，是一种有组织的给顾客提供所需商品与服务的行为。大多数的商业行为是以高于成本的价格卖出商品或服务来盈利的。商业需求文档应该是以商业为核心，以产品为内容，以对象为公司领导，为说明产品的商业模式、产品规划、产品框架、风险控制而编写的文档。作为报告的撰写者，必须要让领导明白，你的产品具有怎样的商业价值，要用有力的论据来说服企业领导认可这个项目，并为之慷慨地投入研发资源及市场经费。**商业需求文档的作用就是把产品的商业价值传递给目标对象。**

## 为什么要写商业需求文档

在传统产业中，引进一款设备时要进行各种评估分析，让领导知道引进这款设备能节省多少人力、物力，能省下多少成本，这是传统行业的商业需求文档。

软件产品的生产也是一样的，做产品前需要打动老板及相关领导，得到支持和认可并能成功立项后，一款产品才能生产。写商业需求文档的目的就是要得到相关领导的支持，要得到支持就要先说服各位领导。商业需求文档的作用就是将所有想要表达的内容以文档的形式展现，并将信息有效地传递给领导。商业需求文档是产品经理在产品的生命周期中编写最早的文档，如果这个文档通过了，那么后面还有许多个文档要编写。

## 商业需求文档写给谁看

做需求得考虑目标客户，写商业需求文档同样也要弄清楚要给谁看，谁来看决定商业需求文档的重点是什么（见下图）。商业需求文档要做到有的放矢，目标明确，这样才能发挥最大的价值。了解不同目标对象的心理需求，是写好商业需求文档的第一步。

写给谁看？

财务总监
侧重收益和研发经费

市场总监/技术总监
需要市场和运营方面的人才支持

CEO
从多方面描述，包括成本，收益，商业，市场多方面

### 1. 给财务总监看

财务总监最重视什么？钱是他们最关心的，如果汇报的对象是财务总监，那么应该是希望得到他的经济支持，文档的侧重点就应该在产品的支出和盈利，还要体现出产品的市场潜力和发展势头，让财务总监愿意掏钱。

### 2. 给技术总监看

技术总监关心什么？他最关心的是技术强度、工作量、研发时间和人数。给技术总监汇报的应该是希望他能在技术上给予支持。因此向技术总监汇报时应该侧重于产品定位、产品规划、产品框架、产品方向、工程进度和人力需求。

### 3. 给 CEO 看

CEO 不仅关心产品的定位、方向、规划，还关心产品的成本、盈利、风险、发展潜力。一般给 CEO 汇报，应该是希望产品可以通过并立项。

商业需求文档可能还会给运营总监或市场总监看，不论给谁看，不同的目标对象关心的重点都不同。根据目标对象的不同，商业需求文档的侧重点也要不同，不要千篇一律，要有针对性地写，这样成功的几率会更大。

## 商业需求文档的形式

一说到文档，很多人就以为一定是 Word 格式的。笔者认为，商业需求文档最好不要用文字表达，用 PPT 会更好，原因有以下 3 个。

原因一，汇报的对象都是公司领导，他们没有那么多时间看文字，图表的形式更容易让人印象深刻。

原因二，听比看更容易，领导更希望由你来讲解报告，通过一个会议就可以讲解商业需求文档。

原因三，PPT 更方便演示和讲解，对于讲述者，使用 PPT 更容易沟通和交流。

### 如何编写商业需求文档

我们在讲述一个故事前，一般先要做好铺垫，介绍完背景再进入正文，故事达到高潮后，最后再将内容升华和总结，告诉人们一个道理。

商业需求文档也应该是这样的，即先讲述产品的背景，再讲述产品的规划，最后讲述产品的收益、成本、风险。产品的背景如同故事讲述前的铺垫，产品规划如同故事的高潮，收益成本是故事内容的升华和总结。

商业需求文档内容编写框架如下图所示。

### 1. 产品背景

产品背景需要从提案原因、用户需求、市场状态、竞争对手 4 个角度写。

提案原因：要告诉领导你的主题是什么，开会前要让参会人员知道会议的主题。

用户需求：要介绍产品的需求点，目前用户有哪些需求点，为产品规划做好铺垫。

市场状态：介绍当前的市场环境，以及自身的机会与面临的威胁。

竞争对手：知己知彼，才能百战百胜，要了解对手都在干什么。

### 2．产品规划

产品规划需要从产品核心需求、产品商业模型、产品发展路线图 3 个角度写。

产品核心需求：即主要解决用户哪些问题，也就是产品定位。

产品商业模型：即商业模型是什么？商业模型应该包括价值定位、目标市场、销售和营销、生产、分销、竞争。

产品发展路线图：即产品规划、产品各版本规划和各版本价值。

### 3．收益、成本、风险

收益、成本、风险是产品能是否立项的关键因素，收益是核心。

产品收益预估：产品上线后可能带来的商业价值，产品的生产目的都是由商业价值决定的，商业需求文档的核心就是收益，产品只是内容。要从各个角度将产品的收益分析清楚，可以通过目前的市场状况、市场占有率、市场增长率等信息推演出将来的产品收益预估值。

产品成本估算：产品成本可以从产品的进货成本、生产成本、销售价格、渠道成本、人力成本等多个角度进行分析，最终得出产品的成本估算值。

风险与对策：一个好的商业需求文档不仅要分析出产品的优势、机会，还要分析出产品的劣势与面临威胁，对弊端要进行分析并有对策，才是一套完整的商业需求文档。

> **总结**
>
> 　　商业需求文档是站在商业的角度对产品进行分析的，产品是被分析的内容，商业是文档的核心，在文档中要体现出商业模式、商业价值、生产成本及收益预估。文档要注明目标对象是谁，看文档的人在主观上会有一定的倾向性。产品经理不仅要把产品做好，还要会写商业需求文档，用商业需求文档打动目标用户也是一种必备的能力。

# 第 4 阶段

# 需求分析

## 第 19 天　捕获需求

**深度剖析调查问卷**

产品经理都知道获取、分析需求的重要性，谈起需求每个人都有一套理论，但又有多少产品经理真真切切地分析过每个需求，认真地做过每份调查问卷分析？调查问卷应该如何设计才能最大化地收集到用户需求？调查问卷的问题和答案应该如何设计才最合理？调查问卷与用户访谈如何配合才能发挥最大作用？

下面先从可口可乐的故事开始讲起……

### 1．起因

从 20 世纪 70 年代末到 80 年代初，可口可乐（见下图）的市场占有率一直在下滑，于是可口可乐公司决定从产品本身寻找原因。种种迹象表明，口味可能是造成可口可乐的市场份额下降的最重要的原因。

### 2．经过

于是，可口可乐公司在 1982 年实施了"堪萨斯工程"，对产品进行改良。他们先在 10 个主要的城市进行问卷调查，调查顾客是否愿意接受一种全新口味的可口可乐。调查员向顾客出示含有一系列问题的调查问卷，请顾客现场作答。

例如，有一个问题是：可口可乐的配方中将增加一种新成分使它喝起来更柔和，你愿意买吗?

另一个问题为: 可口可乐与百事可乐口味相仿,你会感到不安吗? 您想试一试新口味的饮料吗?

经过问卷调查,市场调查部门得出了结果:只有 10%~12% 的顾客对新口味的可口可乐表示不安,这表明顾客们愿意尝试新口味的可口可乐。于是,可口可乐公司决定大量生产新口味的可口可乐,停止老口味的可口可乐的销售。

### 3. 结果

新产品一上市,可口可乐公司每天接到的抗议电话多达 5000 个,更有如雪片般飞来的抗议信件。

### 4. 原因

一个拥有 99 年历史且被广为传播的产品已经不再是一种简单的产品,它已经形成了某种文化,成了某种象征。但这种文化内涵和象征价值是深藏于顾客内心深处的,如果只是简单地问顾客如果可口可乐的配方变了,你是否愿意喝,则根本无法深入探测到顾客内心深处对产品的情感,也无法探测出产品内在价值的影响力,此时轻率地做决策当然会失误。

做问卷调查既是一件非常容易的事情,也是一件非常难的事情,容易的是把自己想要问的问题一一列出并设计好答案,让用户选择就可以了;难的是如果问题或答案设计得不好,那么收集到的信息可能不准确或太片面。

下面举一个例子:

**第一题: 您看过武侠小说吗?**

A. 看过

B. 没看过

**第二题: 您最喜欢金庸先生笔下的哪位大侠?**

A. 郭靖

B. 杨过

C．张无忌

D．令狐冲

从上面这个例子看，你觉得这个调查问卷的问题设计是否合理呢？有什么问题吗？这个调查问卷存在的问题是答案限制了被调查者的思路，所有的答案都是设定好的。如第二题，有的人可能喜欢金庸笔下的小龙女或乔峰，但答案里没有这两个选项，这就是调查问卷设置的答案存在的问题。

如果想设置好调查问卷的问题，就要先了解调查问卷的性质。调查问卷分为以下 **3** 种。

### 1．封闭型调查问卷

在封闭型调查问卷中，所有问题答案已经给出，被调查者只需要在给定的答案中选择相应的选项即可。

优点：回答简单，被调查者愿意配合，容易收集信息以及统计数据。

缺点：答案会限制被调查者的思维，获取的调查信息可能会比较片面。

示例：

你看过武侠小说吗？

A．看过

B．没看过

### 2．半封闭型调查问卷

半封闭型调查问卷为避免答案限制用户的思维，通常在答案中加上"其他"选项，并允许用户填写自己的答案，这样既方便被调查者答题，又不会限制被调查者的思维。

优点：被调查者愿意配合，容易收集信息，又不限制用户的思维。

缺点：还没发现。

示例：

您最喜欢金庸先生笔下的哪位大侠？

A．郭靖

B．杨过

C．张无忌

D．令狐冲

E．其他

### 3．开放型调查问卷

开放型调查问卷又被称作无结构型调查问卷，调查问卷设计者提出问题，不事先给被调查者选择项，被调查者自行构思并自由发挥。

优点：思路发散，思维不受限制，是最佳的收集用户信息的方式。

缺点：被调查者不愿意配合，收集信息困难，数据不方便统计。

示例：

您最喜欢金庸先生笔下的哪位大侠？为什么？

**调查问卷如何设计才能更好地收集到用户需求？**

### 1．问题的篇幅不宜过长

被调查者出于各种原因一般不愿花大量时间完成调查问卷，如果调查问卷的篇幅过长，则被调查者可能不会配合。调查问卷的页数不要超过 3 页，让被调查者作答的时间不要超过 20 分钟。

### 2．设计好问题布局

调查问卷的内容要先易后难，让被调查者有一个过渡过程，否则会导致被调查者直接放弃作答。上一道题和下一道题尽量有相关性，不要有太大的跳跃感。

### 3．问题要合理搭配

要避免使用大量的封闭性问题，这样会限制被调查者的思维；也不要使用大量的开放性问题，这样会增加调查难度，被调查者有可能不愿意配合，起不到调查效果。封闭性问题容易限制被调查者的思维，所以要尽量多使用半封闭型问题，这样既容易让用户接受，又可以尽可能地多收集用户需求。

### 4．调查问卷应该有一定比例的开放型问题

为了更好地收集用户信息，建议在调查问卷中加入少数几个开放型问题，这样可以在最大程度上收集用户需求。

### 5．开放型问题应该穿插在其他类型问题中

如果把所有开放型问题都放在最后，则被调查者可能会放弃作答。将开放型问题与其他有关联性的问题放在一起会比较合理。

### 6．问题要简单

所有的问题都不要太难，否则容易导致被调查者放弃作答。

调查问卷收集完要对结果进行分析（见下图）。在分析前要先剔除无效的调查问卷。无效的调查问卷包括两种情况，一种是调查问卷中出现大量未作答的问题；另一种是答案中出现大量选项连续一样的情况。剔除这些无效的调配问卷后，余下的才是真正有效的调查问卷。如果问题设置得好，那么应该可以找出你想要的答案，为将来的需求定位提供有意义的指导。

**调查问卷方式捕获真实需求**

| 设计好问卷 | 问卷作答 | 剔除无效问卷 | 汇总统计分析 | 得出真实需求 |

将调查与访谈组合使用效果会更好。

**组合法一：先调查，后访谈。**

通过大量的问卷调查，可以对用户需求有基本的了解，从调查问卷中可以梳理出一些关键数据，再从被调查者中选取一些有代表性的用户进行深入访谈，这样可以从

思想层面了解用户的想法。

如何筛选出有代表性的用户呢?

在做问卷调查前一般都会要求被调查者填写年纪、居住地、工资范围、工作年限等信息,以便于为用户画像,分析用户答题的背景,这也是选取有代表性用户的一个主要方法。

**组合法二:先访谈,后调查。**

可以先对部分用户进行访谈,以便对用户需求有一定的基础认识,根据用户反馈的信息再编写调查问卷会使问题更有代表性、针对性。通过大范围的用户调查问卷反馈可以印证访谈结果的普遍性。

以上两种组合方式各有优点和缺点。

先调查后访谈的方法的优点是通过调查问卷可以有效地找出潜在用户,再进行深入沟通,更有针对性;缺点是在对用户的需求认识不深刻的情况下,设计的调查问卷问题不一定很合理。

使用先访谈后调查的方法的优点是通过前期访谈可以对需求有基本的认识,这样调查问卷中的问题会更有针对性,再通过大范围的问卷调查可以更好地印证访谈内容;缺点是前期访谈的对象如果不具备代表性,则调查方向有可能被用户带偏了,调查问卷的结果价值也就不大了。

建议把以上两种方法综合起来使用,形成第三种组合。

**组合法三:先调查,后访谈,再调查。**

通过前期的调查可以初步筛选出用户的关注点,并找出有代表性用户。通过与代表性用户的深入沟通,可以纠正第一次问卷调查的内容,做出更有针对性的调查问卷,进行二次调查,以验证用户需求,如下图所示。

对潜在用户深度访谈，有针对性地了解用户需求

| 先调查 | 后访谈 | 再调查 |

通过广泛的问卷调查，筛选出用户关注点，找出潜在用户（访谈用户）

访谈后重新整理问卷内容，再次通过广泛的用户问卷印证需求

## 总结

　　每一位产品经理都知道需求调研的重要性，最直接的需求调研方式就是用户访谈及用户问卷调查。但是很多产品经理在捕获需求的过程中并没有做到这一点。做产品就是研究人，如果想获得成功，就要了解用户的真实心理。有人说："通过用户调研设计出的产品只是解决了用户在当前时期的问题，却不能设计出超时空的产品。"笔者也这么认为，但现实是，大多数产品经理连解决现有问题的能力都不具备，那么如何拥有解决未来面临的问题的能力？最不了解自己的人就是自己，做调查问卷就是了解自己产品的过程，了解当下的用户需求后，再来谈解决未来用户的需求。下面是关于"产权行业信息化建设"的调查问卷。

## 示例——产权行业信息化建设征求意见表

单位名称：

姓名：　　　　　　　手机：

一、贵单位产股权业务系统情况。

1. 贵单位目前使用的产股权业务系统是哪家的？（可多选）

A.　□中百信业务系统　　B.　□E 交易系统　　C.　□上海报价网

D. □淘宝平台      E. □自有平台

F. □其他_____

2. 贵单位历史产股权交易额是多少？产股权历史交易标的数是多少？

2016年产股权交易额_____亿元

2016年产股权交易标的数_____个

2017年上半年产股权交易额_____亿元

2017年上半年产股权交易标的数_____个

二、贵单位实物资产业务系统情况。

1. 贵单位目前使用的实物资产业务系统是哪家的？（可多选）

A. □中百信业务系统      B. □E交易系统

C. □上海报价网      D. □淘宝平台

E. □自有平台      F. □其他_____

2. 贵单位历史实物资产交易额是多少？实物资产历史交易标的数是多少？

2016年实物资产交易额_____亿元

2016年实物资产交易标的数_____个

2017年上半年实物资产交易额_____亿元

2017年上半年实物资产交易标的数_____个

三、贵单位企业增资业务系统情况。

1. 贵单位目前使用的企业增资业务系统是哪家的？（可多选）

A. □中百信业务系统      B. □E交易系统

C. □上海报价网      D. □淘宝平台

E. □自有平台      F. □其他_____

2. 贵单位历史企业增资交易额是多少？企业增资历史交易标的数是多少？

2016 年企业增资交易额＿＿＿＿＿＿＿＿＿＿＿亿元

2016 年企业增资交易标的数＿＿＿＿＿＿＿＿＿个

2017 年上半年企业增资交易额＿＿＿＿＿＿＿＿＿亿元

2017 年上半年企业增资交易标的数＿＿＿＿＿＿个

四、贵单位交易系统情况。

贵单位目前使用的交易系统是哪家的？（可多选）

A. □金马甲交易系统　　　　B. □中百信业务系统

C. □E 交易系统　　　　　　D. □上海报价网

E. □淘宝平台　　　　　　　F. □自有平台

G. □其他＿＿＿＿＿＿＿＿＿＿＿

五、贵单位的业务系统是否已向您区域的公共资源交易系统传输数据？

A. □已传输　　　　　　B. □近期计划实施　　　　　　C. □末传输

六、贵单位目前信息部有几名员工？

软件工程师＿＿＿＿＿名。

系统维护工程师＿＿＿名。

七、贵单位开展交易业务范围有哪些（可多选）：

| | | |
|---|---|---|
| □企业产股权转让 | □企业增资 | □企业实物资产转让 |
| □涉诉资产 | □金融资产 | □环境权益 |
| □技术产权 | □融资服务 | □文化产权 |
| □林权 | □矿权 | □农村产权 |

□其他＿＿＿＿＿＿＿＿＿＿＿＿＿＿

八、请在下方写出对产权行业信息化建设还有哪些意见与建议。

### 如何获取产品的真实需求

什么是用户的需求呢？"需"指需要，"求"指获取，用户需求就是指用户需要并想要得到的服务。各个行业的企业都希望了解自己所服务客户的真实需求，并通过不断地自我完善来提供更高品质的服务，从而提升整个社会的服务质量。随着社会的进步，用户的需求已经从社会需求层面转变到被尊重的需求层面，所以只是简单地满足客户的基本需求已经不能适应市场了。

从满足用户层面来看，可以将需求划分为：核心需求、基本需求、满意需求、期待需求和超越需求（兴奋需求）。做产品不应该仅仅为了满足客户的需求，更应该满足市场的需求，要以市场为导向，甚至于引领市场。从满足于客户需求层面来看，如果产品的出发点是解决用户需求，则只是暂时解决了客户的问题，随着社会的发展，这样的产品必然要被淘汰。只有以市场为导向，引领市场的产品，才会有更长的生命周期。要弄清楚如何获取产品需求，先要弄清楚客户为什么要用你的产品。

### 用户为什么要用你的产品

#### 1．产品能解决用户的问题

产品的核心是解决用户的问题，例如在用户想唱歌时为其提供一款唱歌软件，在用户想交友时为其提供一个交友网站，在用户想吃饭时为其提供一款上门送餐软件。

#### 2．产品的价格能满足客户心理承受标准

产品的价格应是客户所能承受的，与客户的心理价格相匹配，客户才会产生购买作为。价格是产品是否会被用户购买的重要衡量标准。而现实情况是——客户更喜欢免费的"午餐"。

#### 3．产品品质过硬

用户使用产品的目的是解决生活中的问题，但是如果在使用产品的过程中，由于产品质量不过硬，经常出现各种意外，导致用户没有享受到产品的服务，那么用户就不会再购买。产品的质量、性能等影响产品品质的因素是产品的硬指标，只有这些硬指标达标，用户才会产生二次购买行为。

### 4．让用户有面子

用户选择某类产品，往往还与心理因素有关。一双普通牌子的运动鞋的价格是一百多元，而一双耐克运动鞋的价格是将近一千元，用户购买耐克运动鞋的原因除质量因素外，还会有一定的虚荣心理在起作用。苹果手机在刚问世时，价格比普通手机贵几千元，但丝毫挡不住大家购买苹果手机的欲望。

除以上购买因素外，还有产品的附加价值、娱乐性、易用性、社会性等多种因素会影响用户的购买行为。每个用户的偏好都不同，真正了解用户的真实需求，是产品成功的关键。对用户来说，有些需求是可以直接、清晰地表达的，这类需求叫作**有声需求**；有的需求是用户无法表达的或没有思考过的，这类需求叫作**沉默需求**。如果沉默需求能够在产品中得到解决，那么用户对产品的满意度将会大幅提升。

随着时间、空间、环境的变化，用户的需求也会发生变化，了解客户的需求是产品经理随时、经常要做的功课。除了集中式地了解（问卷调查，一对一地访谈）外，其实用户也是随时随地在表达自己的需求，从用户的反馈、市场的反应、用户的抱怨、技术的创新中都可以获取用户的沉默需求。

产品经理在设计产品时往往都是把自己当成真实的用户，自己最了解自己需要什么，自己需要的也会是用户需要的。因此，想要做好产品，要先把自己当成核心用户。

## 如何才能获取到用户的真实需求

### 1．自己要成为产品的真实用户

要反复去使用产品，把自己在使用产品过程中发现的各种问题解决。

### 2．做同类产品的真实用户

要了解竞品，充分吸取精华，去其糟粕，多学多想。

### 3．与客户多交流

多了解用户的意见反馈，渠道有很多，如微博、微信、官网，多花时间在这些地方，和真实的用户多交流，做产品的感觉慢慢就会有了。

### 4. 大数据分析

可以通过数据分析整理需求，了解用户对哪些需求更迫切，然后对需求进行分级。

### 5. 做到"望、闻、问、切"

"望"是指观察用户的习惯、生活方式；"闻"是指多倾听用户的反馈，了解用户的需求；"问"是指通过各种提问，让用户说出真实想法；"切"是指通过了解外部信息并经过自己的思考和再加工，还原用户场景，从而了解用户的真实想法。通过对信息的再加工将会更好地获取用户的沉默需求。

### 6. 了解行业动态

要随时了解当前市场行情，多关注竞争对手及国家政策，有时也需要多了解一些国外的市场变化。产品是流动的，变则通，不变则死，随时要完善产品，从而才能引领市场。

### 7. 不断突破自己

要用心感知未来，感知趋势，感知世界，要不断突破自己。

## 你获取用户需求的方式正确吗

某富翁想要娶老婆，有 3 个人选，富翁给了 3 个女孩各 1000 元，请她们把房间装满。第一个女孩买了很多棉花，装满了房间的 1/2。第二个女孩买了很多气球，装满房间的 3/4。第三个女孩买了蜡烛，让光线充满房间。最终，富翁选了最漂亮的那个女孩。

这个故事告诉我们：了解客户的真实需求非常重要。有时候客户提出的要求其实都是"浮云"，人们总是找一些冠冕堂皇的理由，其实这些都不是自己真正想要的。

我们一直在说向用户要需求，我们从用户那儿得到的需求就是真正的需求吗？用户的需求实际是非常难以琢磨的，有时我们以为懂了用户的需求，但产品上线后业绩惨淡；有时我们按用户说的需求设计产品，最后用户却不买单。下面介绍到底应该怎么分析软件需求。

先来分析一下需求获取的分析过程，如下图所示。

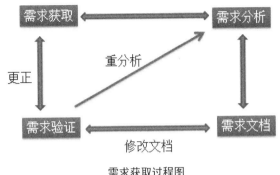

**需求获取过程图**

需求获取分四个阶段：获取需求、分析需求、撰写需求文档、验证需求。需求获取到之后要对需求进行分析，将合理的需求整理成文档，最后再以文档为基础对需求进行评审、验证。这个步骤可能需要几次循环，不断地优化需求。

**获取需求：**也叫捕获需求，需要人为主动地去捕捉。可以通过问卷调查、用户访谈、竞品分析、市场分析等方法获取。

**分析需求：**将获取到的需求进行过滤、分析、加工、整理，最后筛选出真正有价值的需求。在分析需求的过程会用到很多方法，例如使用 SWOT 分析法分析产品的优势、劣势、机会、威胁；使用长尾效应分析法分析产品边界，分析核心需求、基本需求、满意需求、期待需求、兴奋需求，哪些需求是产品的头部，哪些需求是产品的尾部，辐射到的用户范围有哪些；使用优先级分析法将需求按重要度、紧急度、影响度进行划分，区分出需求的优先级，先开发哪些，再开发哪些。还有以竞品对比、用户偏好、商业价值等从各方面对需求进行分析，最终才能找出真正有价值的需求。

**撰写需求文档：**为了便于需求信息的传递和梳理，可以将分析后的需求以文档的形式记录下来，并形成规范，以便于与产品有关的人员之间的沟通。需求文档中要有各模块、页面、功能的说明，各功能的输入、加工和输出信息，以及各种图形内容，以便文档信息更准确的传递。

**验证需求：**此步骤是论证需求的过程，不是所有经过分析得到的需求都是正确的、合理的，需要通过评审论证以证实需求的正确性和合理性。验证方式可能是会议评审方式，也可能是主要负责人逐条排查的方式。

如果进入下一个阶段，发现有问题怎么办？在需求获取的每个过程都是可逆的，当下一阶段出现问题时，需求分析会回滚到上一阶段。

从富翁找媳妇的故事可以看出，想要获取真实的需求是很困难的，用户的心理非常难以捕获。对于产品经理，通过什么渠道和途径才能获取真实的需求呢？

可以从直接用户、网络信息、公司内部人员、竞品、行业动态及内心感知等方面获取用户需求，具体介绍如下（见下图）。

### 1. 直接用户

这是最直接的获取用户需求的方法，用户会通过语言、情绪、动作、表情来表达自己的好恶，如果产品解决不了用户的问题，他们就会用脚投票。用户能明确说出来的都是用户期望解决的需求，这些都属于基本需求。有的需求是用户表达不出的或者根本就没有意识到的，而这种能够引领市场、让产品脱颖而出的需求才是高价值的需求。

### 2. 行业动态

"与天斗，其乐无穷；与地斗，其乐无穷；与人斗，其乐无穷。"做产品要时刻关注行业动态信息，政策环境就属于产品的"天"，市场环境就属于产品的"地"，用户就属于产品的"人"，我们要随时关注政策变化、市场环境变化，这样才能够保证产品的方向是正确的。这里说的"斗"是研究的意思，多研究产品的大环境，才能在第一时间抓住机遇、把控时机。

### 3．内部人员

一家公司往往只关注一个行业，公司内的员工往往对自己所从事的行业有着较深的感悟，例如运营人员大多关注产品与市场之间的关系，客服人员大多关注着产品与真实用户之间的关系，业务人员大多关注产品与潜在客户之间的关系……公司内的每个人对产品都有不同的解读和思考，从他们那里可能会找到正确的答案。

### 4．竞品分析

当我们刚进入一个行业时，最快速的了解产品的方式就是研究竞品。除要研究竞品的功能外，还要研究产品功能背后的逻辑和思想。为什么要这样做，根据什么逻辑，能解决用户什么问题，用户的反应是什么。研究竞品并不是要克隆竞品，要了解市场、行业及用户。我们最好能找到真实的数据，用数据来说话，找出哪些功能是用户最迫切需要的。我们只有更好地了解竞品，才能更好地解决问题，为客户提供更优质的服务。

### 5．网络信息

调研和获取需求不一定非要与用户面对面地沟通，实际上有很多种方式都可以收集到用户需求，如网站的留言，企业的公众号、微信、微博等，这些窗口都可以作为与用户沟通的渠道。

### 6．内心感知

"树欲静而风不止"，用户的需求是不断变化的，会因时间、地点、人物角色的不同而不同，每个人看问题的角度都不同，每个人的思想和成长经历也不同。

同样的产品在不同时期对用户的价值也不同，如"大哥大"、BB 机在 20 年前风靡全国，而如今它们已经被淘汰在历史的长河中。据说，乔布斯是从不做市场调研的，他只是看镜子中的自己，用心去领悟产品。世上的功夫有很多种，长拳、八仙拳、天罗拳、地煞拳、六星拳等，但我认为最高境界的功夫应该没有招式，即以无招胜有招，套路是固定的，但现实的变化是无穷的，用有招数的套路去应对无穷的变化一定会失败。所以最好的需求获取方式就是用心去领悟，把自己真正融入产品的世界中。

最后再提醒一句，不要模仿大师对着镜子找需求。不要以为自己是乔布斯、张小龙，所有的武林高手，都是从蹲马步、练套路开始的，在起飞前还是多练练跑吧。

## 第 20 天　软件项目如何控制需求蔓延

当销售人员兴冲冲地告诉你他又签一笔订单，然而合同上对需求的描述只是寥寥几行时，你是否又头大了。对销售人员来说，他们为了接单，对客户夸下海口，这也能做，那也能做。而实际上很多功能的实现要付出很大的代价。

对项目经理来说，他们很希望项目各方都能满意，但是"理想很丰满，现实很骨干"，想要交出一份让人满意的答卷不容易，需求往往会肆无忌惮地蔓延，从最初的寥寥几笔变成厚厚一本，客户的需求通过项目的深入如泉水般涌现出来。而项目会从最初的美好愿景开始，到凄凄惨惨地结束。可见项目成败的关键就在于能否控制需求的蔓延。

### 需求方面常遇到的问题有哪些

#### 1. 需求范围不明确

合同中规定的内容往往都是模糊不清的，需求不明确，或者只有几行说明，而且还会有大段的套话、官话，让项目参与者对客户的业务需求不是很了解，往往会导致后期无休止的修改。

#### 2. 需求理解不一致

我们经常会遇到按照客户书面上记录的需求开发出软件之后，客户却并不认可，而客户对自己写的书面内容也并无异议的情况，造成这种局面的原因是对于同样的内容客户的理解与我们的理解不同。例如，需求中写道："购物后付款"，开发人员开发出来的软件是用户选择好商品进入购物车直接付款。而客户实际想要的是在购物车中付款前，先向客户发送一条短信验证码，让客户二次确认无误后再付款。同样的文字，每个人对细节的理解都是不同的，而客户在需求中根本就没有提细节。

### 3. 有些需求并没有直接写出来

客户提的大多是自己期望解决的需求，而对于最基本的需求往往不说，因为他认为你就应该知道。例如要做一款手机，打电话的功能客户是不用说的；做一款智能面包机，做面包的功能也是用户不需要说的，他只会说产品要如何智能。

### 4. 项目结束前客户总有提不完的需求

客户总是会在结项前提出各种需求，前期没有讨论过的各种需求都会在结项前提出来。造成这种情况的原因一般有两种，一种是在项目开发过程中没有与客户进行充分的沟通。另一种就是客户生怕项目一结项付款，项目开发团队就不会再支持他们了。出于这种心理，不论需求是否有必要，客户都会在结项前提出来。

### 5. 项目经理无条件地迁就客户

虽然客户的满意度是项目成败的重要标志，但无条件地迁就客户最终会导致项目预算超支或时间超期，反而使各方都不满意。客户在提出一条新需求时可能自己都没有想清楚，也可能只是他的灵光一现，许多需求可能只是冗余需求。客户往往不懂程序，随便说出的需求，可能让我们付出很大的代价。

### 6. 沟通不顺畅

做项目时经常会遇到对计算机一点都不懂的客户，他们的许多想法都无法实现，跟他解释又很难让他理解，最后弄得好像我们什么都做不了似的。对于这种客户有时会让我们有一种无力感。

一个项目的成功有多方面的原因，例如人力资源、需求范围、项目成本、进度控制、质量监督、风险监控、资源采购、干系人沟通，每个方面出问题都可能会导致项目的失败，但需求的不可控一定是导致项目失败的最重要原因。

## 对于无边界的需求蔓延怎么处理？

### 1. 确定项目范围

项目一定要有清晰的目标、准确的方向，大海航行靠舵手，项目经理要有把控好项目范围的能力，尽量让所有项目干系人（范围相关的所有人）了解项目需求，最重要的是让产品需求得到客户的认可。以前经常听有的项目经理说："编写完需求文档后一定要让客户领导签字"。我认为这有一些难度，签字就涉及责任，也涉及需求增减的问题。如果客户在必要时需要增加某个功能，受签字的限制会让他们很难受，所以他们一定会不愿意。如果你真有这个能力让客户签字认可，那么一定会对项目有极大的帮助。

### 2. 多问为什么

客户提出的新需求要尽量多问为什么，有时客户想要的功能可以用其他的方式达到，或许客户想的根本就不对，只有了解客户的终极目的，才能主导客户需求。

### 3. 需求理解要一致

需求在传递过程中会出现损耗，不同人理解的需求都会有所偏差（见下图），为了保证对需求理解的一致性，要对项目的整个过程跟踪和监控。需求理解达到一致是项目成功的基础，在项目管理的各个阶段，要让所有相关人正确了解和把握需求。

客户是这样解释的　　项目经理是这样理解的　　架构师是这样设计的　　程序员是这样编写的

测试人员收到的是这样的　　商务顾问是这样描述的　　项目文档是这样编写的　　软件是这样安装的

客户是这样付款的　　　技术支持是这样服务的　　　市场是这样推广的　　　客户真正的需求是这样的

### 4. 要让客户参与项目的每个阶段

项目经理要拉着客户参与项目的各个阶段，包括需求分析、总体设计、详细设计、编码、测试，并随时让其了解和提出自己的真实想法，这样就不会出现在所有功能都开发完成后客户又提出新的需求，变被动为主动。尤其是在需求分析和设计阶段，当整理完需求文档和设计文档时，一定要请客户一起参与评估，以避免出现需求理解不一致，需求范围不确定等问题。

### 5. 要让客户对需求进行确认

当多次与客户确认需求后，要尽量让客户签字认可，如果不能签字，那么也要尽量让客户方领导在正式场合当面认可。这样做的好处有以下几个方面。

（1）可以有效地控制需求。

（2）如果客户真的要增加需求，那么项目经理可以要求一定的经济补偿。

（3）如果需求发生变更，那么项目经理可以凭着客户签字或会议记录在公司内部规避自己的责任，毕竟客户以前是认可的，这次再增加需求就不是项目经理的职责范围了，可以请领导出面协调。

（4）客户确认了需求，项目开发团队就可以放心地开发项目，以减少心理负担。

### 6. 要让客户信任我们

客户之所以在项目结束前尽量让开发团队把他所有能想到的都做好，有时还会有各种刁难，主要是因为不信任开发团队。所以开发团队要建立完整的服务机制。如果客户认可了开发团队，知道将来产品出现问题后开发团队也能给予支持，客户就不会担心了。信任是一种力量，让客户信任我们就要始终如一地做好服务。

### 7. 做好需求变更机制

有时需求的变更是不可避免的，当发生需求变更时，我们要有一定应对的机制。首先要冷静地看待需求变更，要与客户沟通好，对需求变更的工作内容、工作量、因变更所产生的费用、针对需求变更提出的方案进行评估，要填写需求变更文件让客户确认，要让客户知道需求变更对项目产生的影响，对于需求变更，客户也要承担一定的责任（时间或经济）。

### 8. 条条大路通罗马

对于客户提出的需求，不要一味地迁就，"客户永远是对的"这种思想在项目开发过程中不一定是正确的。项目成功的标志应该是在规定的时间内利用有限的资源完成项目并使客户满意。为了一味地满足客户的需求，而使项目进度超期、预算超支都不能算成功。当客户提出一个不好解决的需求时，只要我们知道客户的目的，并找出能实现此目的的其他方案，让客户知道他的方案会给项目带来什么样的影响，客户还是会接受意见的，这比与客户发生直接冲突要更理智。

> **总结**
>
> 项目需求管理是一个复杂的过程，它涉及项目所有相关人员的利益。有效地避免与客户冲突，还要多给客户一些中肯的意见。同时，也要让客户参与到项目的各个阶段，要让客户多了解项目的各个过程，让客户多了解开发团队，并对其建立起一定的信任度，在有信任的前提下做事，友好地沟通，会让我们的工作更加顺畅。

## 第 21 天  好的需求标准是什么样的

一位名叫"一水哥"的网友问笔者："老吴，好的需求应该是什么样的？如何来评判需求的好坏？"

于是，笔者讲了一个故事：

从前，有四个盲人很想知道大象是什么样子，可是他们看不见，只好用手摸。胖盲人先摸到了大象的牙齿。他就说："我知道了，大象就像一个又大又粗又光滑的大萝卜。"高个子盲人摸到的是大象的耳朵，"不对，不对，大象明明是一把大蒲扇嘛！"他大叫起来。"你们净瞎说，大象只是一根大柱子。"原来矮个子盲人摸到了大象的腿。而那位年老的盲人却嘟囔："唉，大象哪有那么大，它只不过是一根草绳。"原来他摸到的是大象的尾巴。四个盲人争吵不休，都说自己摸到的才是大象真正的样子。而实际上呢？他们一个也没说对。

"哥，你在逗我吗？这不是《盲人摸象》的故事吗？你当我是小学生啊！"于是他很不乐意地发过来一个撇嘴的表情给我。

唉，笔者的本意还真不是。这个故事与需求真的有关系。

下面分析一下盲人们为什么没有正确获取到真实的需求？

**需求目标：**

● 盲人想知道大象的样子

**需求获取方法：**

● 摸

**需求结论：**

● 大象像大萝卜
● 大象像大蒲扇
● 大象像大柱子
● 大象像一根草绳

**问题原因：**

四位盲人片面地得出结论，没有全方位地了解情况，没有将信息汇总后综合分析。要避免这种现象，最好的办法就是多观察，多了解，不要轻易下结论。

**那么好的需求标准是什么样的？**

### 1. 正确性

笔者问："我们经过大量的调研、分析，得出结果，并开始付出实践，开始写文档、画各种图形、推动开发，忙得热火朝天，人仰马翻。最后，我们摸的只是一条象腿，你说怎么办？"

一水哥说："这有什么，换家公司继续！"

产品是公司的，做产品的人是我们。我们可以换一家公司再战斗，但人生可以重来吗？我们永远没有第二次做同一款产品的机会。要做正确的事儿，做有意义的事儿，不要浪费青春，不虚度光阴。

**解决方案：**

盲人们摸完大象后，大家各执一词，但是如果他们仔细分析，就能明白为什么会有不同的声音。当出现不同声音的时候，就可能是产品定位、产品需求出了问题，需要再重新分析市场、用户，找出原因。另外，产品出炉后，真正能检验产品正确与否的只有市场，而在产品开发过程中，一切只能通过推理和分析。笔者推荐一个检验产品的方法就是快速迭代，尽早将产品推向市场，让市场来告诉我们答案，通过市场反馈，再对产品进行再定位，再分析，再验证。

## 2．全面性

盲人们得到的结论非常片面，如果当时有一个明眼人指导、协调他们，相信盲人们会找出真正的答案。

**解决方案：**

在产品的生产过程中，需求人员、设计人员、技术人员、运营人员、测试人员每个人都像一个个摸象的盲人，都有自己对产品的理解，在这个过程中，明眼人就应该是产品经理。在产品经理的眼中、心中要有一只完整的大象，通过协调、沟通让大家将整只大象绘制出来。

## 3．优先级

当我们正确地获取到产品需求后，下一步该怎么办？先来分析一个场景。

清明小长假，小明一家三口去海边玩，小明在海边捡了好多漂亮的贝壳、石子，装了一大袋子。假期结束后，一家人要坐飞机回家，爸爸告诉小明，东西太多了拿不了，只能带三件。怎么办？

这就像我们收集需求信息时是撒网式收集，好的、坏的、常用的、不常用的，都一箩筐地收集来，但就像小明一样，我们不能带走所有的贝壳。产品也是一样的，大而全不是产品的出路，专而精才是产品的出路。

**解决方案：**

需求收集到之后就要对需求的优先级进行划分，看哪些需求是重要的，哪些是紧急的，哪些是影响度大的，再分别打分。综合分数最高的就是优先级最大的，也就是产品应最先开发的功能。

## 4．必要性

再说小明，他看着一袋子的贝壳、石头，都不舍得扔，都想带走。爸爸说："小明，你看我们家里已经有好几块漂亮的小石头了，是不是小石头可以不带了？"小明想了想，是啊，家里还有好几块上回捡的石头。于是，小明扔掉了所有的石头。然后，爸爸又说："小明，你看，这些贝壳有三个已经有破损了，这几个是不是可以不要了？"于是小明又扔掉了三个贝壳。

以上说明什么呢？当我们收集回来一大堆需求时，它们真的都是刚性需求吗？都有必要吗？我们应该进行筛选。

**解决方案：**

如何判断需求的必要性呢？前面已经介绍过了，在做产品的时候，要从产品的定位开始考虑，应该尽量避免在红海市场中搏杀，要尽量考虑蓝海市场的需求，如果红海市场中的竞争过于激烈，则可以先放一放。然后再筛选同类化需求，如果在自己的需求列表中已经有相似的同类需求，则选出最优的，其他的需求可以先放一放。

### 5. 可行性

经过千挑万选，小明选出了自己要带的几件宝贝，然后去找爸爸："爸爸，我带这三件。"爸爸说："这个不行啊，太大了，包都装不下，你的宝贝得自己拿着。你能拿动这个大贝壳吗？"小明看着这个大贝壳犯难了。

不是所有的需求我们都能实现，有时笔者也想要设计一款会飞的车子，它的市场前景一定好，但目前能实现吗？

**解决方案：**

可行性需求要从三个方面考虑。

技术可行性：要考虑当前自身的技术储备够不够，自己到底能不能做出来。

经济可行性：产品的调研、研发、运营、推广各方面都需要大量资金，经济不可行能玩得起吗？

法律可行性：近期有一款违法的视频软件被政府封掉了，有些事情是法律不允许做的，所以在做产品需求之前要先从可行性上出发。

**总结**

　　做产品需求要全面考虑，不要在没有全方位了解用户需求的情况下，快速地得出结论，要多观察，多了解，不要轻易下结论。获取真实的用户需求需要通过不同场景，分析用户心理；通过用户心理，了解用户需求；通过用户需求，设计不同方案；通过不同方案，解决不同的问题。

# 第22天　如何给需求分优先级

在收集需求阶段，从各个渠道收集而来的需求，应该如何梳理？哪些做，哪些不做，哪些先做，哪些后做？产品都是解决某类用户在特定场景下的问题的，想满足所有人需求的产品一定不是好产品。用户穿黑皮鞋就会买黑色的鞋油，不会去买棕色的鞋油，除非没办法。众口难调，不要做万金油的产品，要细分目标市场，锁定目标用户群。

### 1. 商业优势+用户偏好

哪些做，哪些不做，这是由产品定位、企业战略、商业优势决定的。

哪些先做，哪些后做，这是由用户偏好决定的，要将用户偏好分级，优先级高的先做，优先级低的后做。

优先级如何划分？可以从商业优势和用户偏好两个方面考虑，先画好横坐标——用户偏好；再画好纵坐标——商业优势（见下图）。先把所有的需求列出来，再针对目标人群，把需求按横坐标和纵坐标的要求划分到不同象限中。偏好高的靠后、偏好低的靠左。再把需求按商业优势划分到坐标中，优势大的靠上，优势小的靠下。

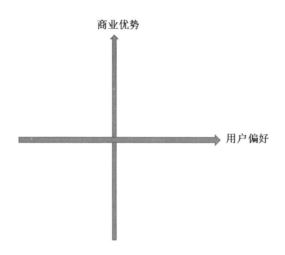

把所有需求和优势都放到上图所示的坐标中，对不同象限的情况分别进行分析，就形成了产品的优先级。

### 2. 逐一分析

第一象限：用户偏好强、商业优势强，此象限应该为优先开发的需求。

第二象限：用户偏好弱、商业优势强，此象限应该选择性开发，如果用户不太反感，则可以开发。

第三象限：用户偏好弱、商业优势弱，此象限不建议开发。

第四象限：用户偏好强、商业优势弱，此象限应该选择性开发，如果用户偏好性很大，则需要开发，否则选择性开发。

## 实例——以"京东钱包"为例，谈谈如何划分用户的需要的优先级

### 1. 产品分析

京东钱包（见下图）这款产品的核心应该是理财。从京东钱包 APP 可以看出，其中的第一个频道"今天"将京东钱包里的所有功能都罗列开，其功能还是很丰富的，两屏能显示完全部内容，如果用户想要理财或是购物可以到二级栏目中找。

京东钱包 APP

这款 APP 的设计思路实际是网站的设计思路，"今天"相当于网站首页，"理财"是其核心内容；"生活"是其附属功能；"我的"是用户自己的资金管理。

## 2. APP 设计与网站设计思路的差异

APP 产品的特点是屏幕空间小；操作方式只有上下划动、点击、重力感应、长按。

PC 端产品的特点是屏幕空间大，不受空间限制；操作方式可以有单击、双击、右击、滚动、拖动。

**由于产品的特点不同，在做不同类型产品时设计的思路也就不同。**

中国式网站的特点是先把所有栏目内容都在首页留有入口，将更多的内部流量引进不同的频道，让每个频道都有机会展示。而且要把页面设计得美观、花哨，彩色的横幅广告（Banner）要飘来飘去，有的网站在用户一进来时，就先弹出一个对话框，让用户注册或留信息。

中国式网站生怕用户不买东西，过一会就要弹出一个对话框框询问用户："先生，有什么可以帮助您的？"

国外网站的特点是曲高和寡，其首页很简单，没有太多文字和图片，可能只有一个注册框和一个背景图，没有 Flash，没有动态的、滚动的图片和文字。当用户再点击页面看时，才发现原来这里还有这个或那个，把好多功能和内容都放在了里面。

APP 的设计风格应该更贴近国外网站的设计风格，因为 APP 的显示空间较小，可以在首页留下各个功能的入口，把好东西都放到各个入口的后面，让用户一个个地打开，就像打开了潘多拉的盒子，每个盒子里只放着一件珍宝，不要混着放，要让用户永远只想一件事情。APP 的设计思路比较单一，如滴滴、易到用车就是打车 APP，美团就是团购 APP，百度外卖就是送餐 APP。APP 的设计主题要更鲜明、思路更清晰，在手机这个小屏幕上再设计出让人眼花缭乱的功能会让用户烦。就算有再好的附属功能也要把它们隐藏起来。

再来看京东钱包 APP（见下图），京东钱包 APP 中的功能太多了：理财、记账、购物、活动、广告、保险、京东订单……试问，用户真的需要这些功能吗？

那么笔者会怎样设计这款 APP 呢？先要分析理财人员的心理，把关键需求找出来。对于理财产品，用户关心的点有：资金安全性、"存取是否灵活、能否抢到标、产品连贯性、理财品种多样性、已投资金收益（当天收益、总收益）、易用性。

用户的偏好和商业优势（当然京东具有的商业优势很明显）整理如下图所示。

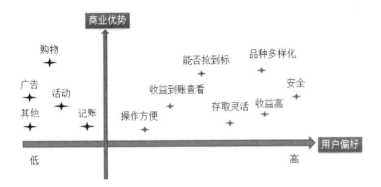

当然，以上排序对不同类型的理财客户群体会有所差异，笔者没做过调研，只是把自己当成一名理财客户来分析的。

对于新用户，他们关心的是理财品类。对于老用户，他们关心的是每天的收益。当新用户投入第一笔资金后，他们就成为老用户了，开始关心投资的收益，以后就会经常看自己的收益情况。所以要让用户一打开理财 APP，就应该在首页的最上面看到用户的投资金额、总收益和当天收益金额。老用户投资后如果认为收益可观而且安全可靠，那么当他们再有闲钱时，就会找适合自己的理财产品。那么，在首页下方就要展示各类理财产品，如果理财产品较多，就要展示各类理财产品的入口。这些要素就是理财 APP 的核心要素，至于其他与理财相关的功能，如记账等，建议把它们全都收起来放到一个栏目里，不必重点显示。而对于购物这种商业优势明显，用户偏好不强的功能，则可以放到二级栏目里，用户下载京东钱包的核心目的应该是理财，如果用户想购物则应该下载京东 APP，当然两款 APP 互相可以留有入口，产品互相引流是合理的。

## 实例——微信时时提醒用户交流

微信（见下图）的所有栏目都与沟通交流有关，在其首页中，"微信"栏目是用户最近的聊天信息或公众号推送的信息；"通信录"栏目是好友信息；"发现"栏目主要是朋友圈和其他功能入口；"我"栏目是用户个人信息及个人的相关功能入口。微信把与交流功能关联性较小的钱包、游戏、购物等功能只给一个入口，让感兴趣的人选择性进入，并时时不忘提醒用户是交流这件事情，虽然消费、理财等栏目可能会带来更大的收益，但也不会因此改变微信的功能入口展示方式。

**总结**

　　在产品设计中，不要让产品的次要功能冲击主要功能，功能越多，产品就越复杂。在设计产品时，可以把复杂的、不易理解的、不重要的功能都收藏起来，或者直接放弃，让产品装简单易懂，用户才会更易理解。哪些功能要，哪些功能不要，要在用户偏好和商业优势的坐标上画出来。

## 第23天　需求变更应该如何控制

　　下图是一幅非常有名的画作，名为《从主教花园望见的索尔兹伯里大教堂》，作者康斯太勃尔是英国的著名油画家。关于这幅画还有一个故事。

《从主教花园望见的索尔兹伯里大教堂》

一天，康斯太勃尔去他的金主大教堂的主教 Fisher 先生（后面简称大鱼主教）家里玩。大鱼主教跟康斯太勃尔说："亲爱的画家，你帮我画一幅画吧。把我和我美丽的妻子，以及我这个大教堂一起画到画里。我要把画放在教堂中，成为镇堂之宝。当然，我是给钱的。"于是康斯太勃尔很高兴地接下这个项目。

康斯太勃尔开始了辛苦的工作，经过一段时间终于把这幅画完成了。他画这幅画时可能心情不好，所以在教堂塔尖上方画了一片乌云。大鱼主教看到这幅画后，很不满意。虽然画家把主教大人、主教夫人和教堂都画进去了，但是主教夫妇只在左下角露了一个背影，这也就算了，"下面那几头牛是怎么回事儿，为什么比我们占的画面还多？"主教问。康斯太勃尔说："你没看懂？我是在恭维您呢，是说您和您夫人好牛！"大鱼主教没什么话说了，然后又找到了新的"吐槽"点："为什么天空中都是乌云？"他邀请康斯太勃尔再去他家做客，重新观察，以便修改画作。康斯太勃尔很不高兴，就单独把画作展出了。画作展出之后得到很多好评，于是康斯太勃尔回信给大鱼主教："你看，大家都说很好看，不用改了。"大鱼主教收到信后也怒了，回信就说了一句话："给我改！！！"

这就是关于需求的故事，请读者再看看这幅画，看看主教和主教夫人被画到了哪里了，你能找到吗？

从上面的案例中你看到了哪些与需求相关的问题？是什么原因导致客户不满意并被要求重画？

### 1. 需求表达不到位

大鱼主教想要一幅画，画里有他们夫妇二人和教堂，然而表达完需求后，他并没有再对需求进行更具体的说明。例如除以上要求外，画作里是否还可以加些其他元素？人物要求画正面还是背面？画作的背景是什么？需要表达什么样的情感？

### 2. 没有与客户认真沟通需求

当主教让康斯太勃尔画一幅画时，最初只是一个想法，并没有太具体的要求。细节需要康斯太勃尔一点点地引导，从而勾勒出画作的轮廓，这个轮廓就相当于产品的原型。与客户沟通好需求并得到客户认可后再开始画，需求变更的可能性就会大大降低。

### 3. 需求理解不正确

康斯太勃尔在画作中多画了一些牛，并认为这样会更好，寓意深刻，可以表达出大鱼主教和夫人"很牛"的意思，还根据自己的情绪将天空画得"乌云密布"。这说明康斯太勃尔没有正确理解客户意图，把需求"想当然"了。我们应该合理控制需求，合理规划需求，不能随意增加或删减需求。需求的管理也不应该是"一言堂"，要有需求评审等需求审核流程，让相关人一同参与、共同把握需求。

### 4. 没及时让客户参与

在康斯太勃尔进行创作的这段时间里，画家并没有邀请大鱼主教来看画作，从而错过了最后弥补的机会。当整个作品完成后，客户才有机会看到作品，得不到客户认可的作品再努力也是徒劳的。

### 5. 不愿听取意见

当客户明确提出自己的意见后，康斯太勃尔还是一意孤行，将作品拿出来展览，这对客户来说是一种伤害，既表现出对客户的不尊重，又表现出了自己的自大。这就相当于还没得到客户、相关领导的认可时，私自发布产品，产生的后果可能是无法想象的，难怪主教会生气。

从上面的故事可以看出，产品的成败与需求的关联非常密切。想要做好一款产品，从需求调研、需求分析、文档梳理到需求评审，每一步都要走得坚实，不可以走过场，一点疏忽都可能会导致产品的失败或需求变更。有的需求变更是无法避免的，如客户、领导在产品开发阶段要求增减需求；有的需求变更是可以避免的，只要我们更虚心一点、更认真一点，需求管理流程更规范一点，许多需求变更都是可以避免的。

### 6. 针对需求变更要早发现、早预防

既然需求变更避免不了，那么我们就要勇敢地面对。引入需求变更管理机制，可以降低需求变更带来的风险。需求变更管理的核心是减少需求变更所产生的影响，而非消灭需求变更。通过需求变更管理可以减少开发人员返工的工作量，降低项目风险。需求变更属于需求管理范围，同时也属于风险控制范围，产品经理要随时关注产品，定期对需求进行跟踪，做到"早发现，早治疗"，不要病入膏肓后才下手。对已变更的需求要做到文档标记更新，编写需求变更说明，保证需求与开发工作一致。从技术角度考虑，产品技术架构要做到可扩展，以弹性的架构来解决需求变更带来的影响，把需求变更造成的影响降到最低。

### 7. 需求变更流程

当发生需求变更时，正规的流程需要走变更申请，申请后组织人员对变更后进行分析、评审，以判断变更是否必要。为了确保变更需求的合理性，可以将变更需求按重要度、紧急度和影响度三个指标进行评审，评判变更的合理性。又重要又紧急的需求要尽快开发，重要不紧急的需求可以考虑是否放到下一个版本中开发，对于紧急不重要的需求，要根据项目实际情况考虑是否可以不开发，不紧急也不重要的需求无须争议，可以直接删掉。

评审完成后，对需要开发的变更需求，要先整理需求变更说明书，以帮助开发人员、测试人员了解变更内容，指导技术人员开发，具体过程如下图所示。

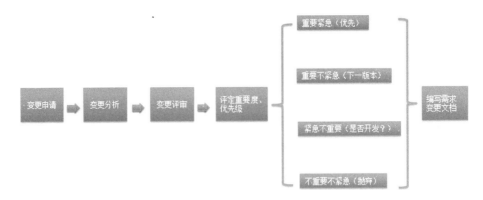

分析需求变更的合理性要从以下三个方面着手。

### 1. 从业务方面分析

需求变更基本都是因业务变化而产生的，当发生需求变更时，我们要从业务角度多思考需求变更是否合理，是否有必要，与产品定位是否相符，能给产品带来哪些好处？如果不做变更是否可以？

### 2. 从技术方面分析

从技术方面分析需求变更，主要分析需求变更会对产品的开发有多大影响，需求变更的部分是否已经开发，开发到什么程度，工作量是多少，是否可以通过技术框架的扩容性很好地解决需求变更？

### 3. 从项目方面分析

从项目方面分析需求变更，主要分析需求变更会使项目在时间、资源、费用上产生多大影响？是否能够承受？本次变更的需求必须在本版本开发完，还是可以放到下一版本迭代开发？

从以上三方面分析清楚后，变更的需求脉络也就理清了，变与不变，现在变还是以后变，也能分析得更透彻了。

**总结**

　　需求变更对每一位产品人来说都会经常遇到，产生需求变更的原因有很多，有外在的，也有内在的，但是不论是因为什么产生的需求变更，遇到了就要正确、合理地分析、评估。如果在项目前期进行了大量的调研、跟踪、分析、评审，并请客户尽早参与，则许多变更是可以避免的。如果技术框架设计得可扩展，程序设计得可扩容，那么当发生变更时也可以把变更对项目产生的影响控制到最小。

## 第 24 天　写好需求文档

　　有一天，一位朋友打电话给我。

　　朋友："听说你们公司是做产权的，我这有相关的项目，你们能做吗？"

　　老吴："我们公司现在不打算接项目了，以做产品为主。"

　　朋友："你在公司负责什么啊？"

　　老吴："我是产品经理，负责公司的产品。"

　　朋友："哦，做需求的啊，知道了。

　　老吴："……"

　　每个公司对产品经理的定位都不同，有的产品经理负责产品的需求，有的产品经理负责产品的设计，有的产品经理负责整个产品线。不论对产品经理的定位是什么，需求对产品经理来说都是必做的功课，那么，写需求文档就成了产品经理的家常便饭。对于不同的大厨，同样做一道家常菜，有的人做得色、香、味俱全，吃起来入口绵长、滑嫩可口；有的人做得口味亲切、感人落泪，让人吃出妈妈的味道；有的做得外焦里嫩，清香扑鼻；但也有的人做得惨不忍睹，让人不忍直视。做产品也一样，不同的人对产品有不同的理解，就算理解一样，写出来的需求文档也会不一样。"文章本天成，妙手偶得之。"写需求文档不需要"妙手"，但需要思路清晰，叙述清楚，写的人要能把需求写透，看的人才能看懂。一篇好的需求文档能答疑解惑，一篇坏的需求文档会让人误入歧途。

**那么，产品经理在整个需求阶段需要写哪些文档呢？**

产品经理在整个需求阶段要写商业需求文档（BRD）、市场需求文档（MRD）、产品需求文档（PRD）、技术需求文档（需求规格说明书）。

### 1. 商业需求文档（BRD）

商业需求文档是站在商业的角度，主要体现产品的市场分析、规划、投入、盈利预测等信息，是便于决策层分析、决策是否开发此产品的依据。商业需求文档更像商业计划书，它是产品在需求阶段最早需要提供的文档。商业需求文档一般不长，也可以用 PPT 的方式展示。

### 2. 市场需求文档（MRD）

市场需求文档是站在市场、用户的角度，多用于描述用户、购买者、客户的需求，起承上启下作用的文档。市场需求文档对技术需求文档的编写起到一指导作用，文档中多会以加入产品原型的形式将产品具体化，便于对产品的解释说明。

### 3. 产品需求文档（PRD）

产品需求文档多是站在业务的角度，让所有的项目干系人都能够了解、理解产品而编写的文档。此文档的阅读者为产品的管理层、需求人员、设计人员、技术人员、测试人员、市场人员和运营人员。

### 4. 技术需求文档（需求规格说明书）

技术需求文档是站在技术角度而编写的文档，其中不仅要描述产品的业务需求，还要描述产品的技术指标和技术参数，是架构设计、技术开发的指导性文档。为了便于说明需求，技术需求文档中会加入流程图、序列图、原型图等设计模型，从而更好地让技术人员理解，指导技术人员开发产品。

这些文档不一定都需要编写，要看各公司的具体情况。如果是给 CEO、投资人看，则需要有商业需求文档；如果是给市场人员、客服人员、运维人员等非技术人员看，则需要有市场需求文档和产品需求文档；如果是给技术人员看并指导技术人员开发产品，则需要有技术需求文档。这些文档贯彻产品的整个需求阶段，所以这就要求产品经理一定是一名好的文档编写高手。

我们了解了各类文档，也知道了它们的价值和作用，那么，**如何写好需求文档，以及需要注意哪些方面呢？**

### 1. 正确性

需求在我们脑子里可能是清晰的，但写出来后就不一定清晰了。脑子里想的可能是 A，写出来后可能是 B，但你还以为写的是 A。造成这种情况的原因有很多，可能是你的文笔不好、逻辑层次不清晰，编写有疏忽、遗漏，或者可能是最初就没有正确地理解需求。

### 2. 全面性

在获取需求时要尽量全面地了解问题，得到真实、准确、完整的需求，只有将获取的信息全面地写出来，获取的需求才可能是全面的。另外，就算获取的需求全面了，有时写需求文档时也难免会有疏漏。

在编写需求文档时要思路清晰、考虑全面，建议将需求从大到小、从粗到细，从平台、子系统、模块、页面到功能点一条线下来进行梳理，当所有的流程都遍历完，需求文档也就清晰了，如下图所示。

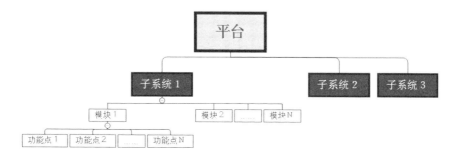

### 3. 可验证性

需求文档中所描述的需求应该是可验证的，例如数据的输入、加工和输出应该是合理的。文档中的信息应该是可推敲、可验证的，只有保证数据及信息来源的正确性，才能更好地把握产品。需求文档中关于产品的各功能、接口等具备了可验证性，测试人员才能根据文档编写合理的测试用例。

### 4. 无二义性

中文有多音字、多义字，英文也有一个单词代表多种含义的情况。因为需求文档主要用文字描述，所以在文档的描述中一定要保证需求含义清晰，表达准确。另外，如果产品经理对产品需求的理解模糊，思考不深刻，在写文档时就不可能保证文档的准确性。

### 5. 必要性

需求文档中的需求应该都是必要的需求，对于不合理的、非必要的需求，该"砍"则"砍"。就像小树，只有削掉其向左右伸展的枝枝，才能保证小树向上生长。所以只有削掉非必要的需求，才能让需求更集中，产品的功能更清晰。

### 6. 优先级

在需求文档中为需求增加优先级，有助于规划产品的开发顺序，优先级不用分得太细，只需要分成"高""中""低"三个等级就可以。

> **总结**
>
> 　　以上问题都是在做文档时需要注意的，作为产品经理，我们在获取、分析需求时，一定要准确把握需求，不要有理解模糊、分析不透彻的情况。否则，在编写文档时就会出现更多的问题，再返回去重新分析需求就会浪费更多的时间和精力。需求文档的编写是一件很花工夫的事情，难的不是写，而是想，想透了再写就很容易了。就像写文章，动笔前在大脑中要做好提纲，动笔时思路才会清晰。

# 第 25 天　从大脑谈起，使用思维导图梳理思想

思维导图又称脑图、心智地图、脑力激荡图、灵感触发图、概念地图、树状图、树枝图或思维地图。

有人叫它脑图，这说明它与人脑的思维方式有关；有人叫它心智地图，心智是指内心与智能，说明它能体现人的内心思想；有人叫它思维导图，说明它是人的思维结构的体现，而且"导图"说明它能体现人的思维过程；有人叫它树状图、树枝图，说明它的表现形式是树状结构。从名称上了解思维导图后，可以把思维导图总结为以树状结构体现人的大脑思维过程，并将大脑思维过程用图形化的方式表现出来，便于人们回忆思维过程、记忆信息节点、总结有效信息的图形化工具。

思维导图示例如下图所示。

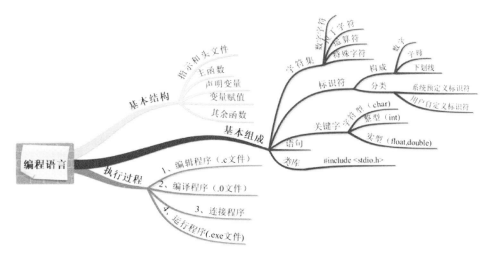

既然思维导图与大脑的思维结构有关，要想从根本上了解它，就应该先从大脑谈起。

人的大脑分工如下图所示。

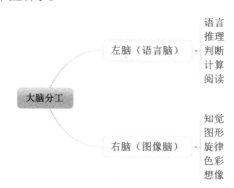

人的大脑分左脑和右脑，左脑为语言脑，负责语言、推理、判断、计算、阅读；右脑为图像脑，负责感知图形、旋律、色彩、想象。右脑利用眼、耳、鼻、舌及触觉等，从外界获取信息，在右脑中进行信息的立体化整理。立体化整理指对声音、图像、颜色等综合的整理。左脑也叫被动脑，其不直接从外界获取信息，而是将右脑收集到的信息源进行研究、分析、推理，并将研究分析后得出结论再用语言表达出来。这就是人脑的思维过程，先通过右脑获取信息，再通过左脑分析信息得出结论。

人通过五官获取信息与通过大脑分析信息基本上是同时进行的。例如在电影《名侦探柯南》中，柯南在每一个案发现场都会认真观察，并分析现场的蛛丝马迹。在分析过程中他还会问一些问题，以证明自己的推测。思维导图的绘制过程与大脑的思维过程是类似的（见下图），思维导图的中心点为所要思考的内容，每个分枝为一个思维关键点，每一个关键之间不需要有关联关系，但都是从中心点出发的。随着大脑的思维走向，绘制出一个个关键节点，直到遍历所有信息点。不同的节点还可以继续细分，不断拆解，得出最小的信息源，最后绘制出一整张树状结构图。

## 绘制思维导图有哪些好处

### 1．便于梳理思绪

思维导图的好处就是以跳跃的方式梳理问题，当需要梳理某个主题时，可以把大脑中所有想到的相关信息记录下来，通过头脑风暴的形式找出所有的信息关键点。

### 2．便于记忆

文字记忆方式是先读懂、理解，然后再记忆，而图像记忆则是采用相机式的抓拍方式，对于细节再采用局部扫描式记忆。例如当我们在路上看到一个陌生人，一眼便可以将人脸特征记下来，下回再见到他时也会有印象。这是因为图像更让人容易记忆，因此使用图形化工具，更容易让人记忆和理解。

### 3．绘制方便

思维导图的绘制不拘泥于形式，从中心点出发，每有一个关键点就从中心点上分出一个节点，节点数量也没有约束，可以无限延伸。当某一个节点需要细分时，以此节点为主节点继续细分，就如同一棵大树的树枝，可以无限延展。

### 4．透过现象看本质

思维导图不拘泥于问题的细节，可以直接切入要害，找出问题的本质，并把本质以关键词的方式记录下来。

## 一个思维导图的绘制过程

前几天，笔者与同学大米和牧童在 QQ 群里聊天，谈到了互联网农业，大家想卖绿色、野生、纯天然的互联网农业产品。大致意思是，笔者的家乡在黑龙江小兴安岭，那里有许多特产，如野菜、木耳、蘑菇、蜂蜜……这些特产可以通过综合性平台卖到全国各地，综合性平台指的是淘宝、京东、微信公众号及其他第三方平台。同时，还可以卖一些散养鸡、纯粮食喂养的猪。虽然笔者的家乡中宝贝太多了，但交通不方便、信息闭塞，如果通过互联网将产品推广出去，既有利于当地百姓，又能让众多食客吃上真正的纯野生山特产。

下面就绘制绿色农业产品的思维导图，如下图所示。

通过绘制思维导图可以梳理要讨论的内容。从上面这个思维导图来看，关键词之间可以没有关联，每个关键词都是一个思维节点。为了区分不同的关键词，线条和内容可以用不同的颜色，每种颜色可代表不同含义。

继续细化，绿色产品有哪些呢？绿色产品有蘑菇、蕨菜、猴腿菜等。

视频直播可以播放哪些呢？到山上采野菜的过程，在山里圈地养鸡的过程，野菜采摘下来加工的过程等都可以作为直播的素材。可以每天 24 小时直播，让每一位顾客了解产品的真实情况。

第三方销售渠道有哪些呢？可以在淘宝、京东及其他第三方平台上销售。

商品可追溯怎么实现？所有卖出的商品都是唯一的，每一件产品都有专属的二维码作为产品的身份证，通过扫描二维码可以查询到产品的所有信息，如产品产地、采摘时间、加工时间、装袋时间、运输过程，直至到顾客手中的记录。可以按照上面的思路一点点梳理出整个思维导图的全貌（见下图），思维导图的梳理过程就是人脑的思维过程。

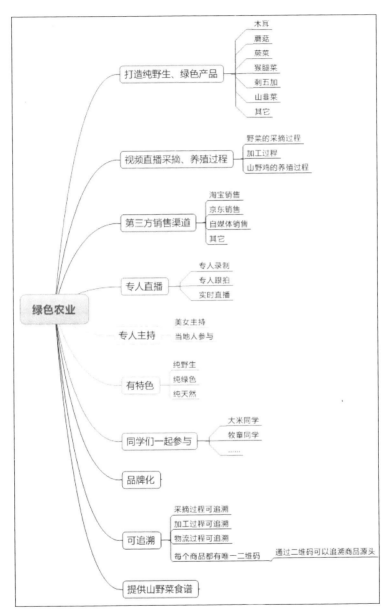

　　当我们想要梳理一个问题时，先从中心点开始延展，把所有相关点找出来并记下关键词。如果本级节点还可以继续细分，就继续分析，直到最后一级，这就是思维过程。有一个词叫"顺藤摸瓜"，思维导图就是"顺瓜摸藤"，"瓜"是需要分析的中心问题，"藤"是它的每一个脉络。

**总结**

　　人脑的思维过程是先通过五官和触觉从外界获取信息，然后将收集的信息传递给右脑并形成立体画像，左脑观察右脑获得的数据并进行推理、分析得出结果。利用思维导图可以模拟人脑的思维过程并将过程以图形化的方式记录下来，在需要时把思维导图调出来，整个分析过程一目了然。有时，我们在讲解、汇报时也会用上思维导图，利用思维导图会让要讲解的主题非常清晰，结构分明。而且，图形化的方式也便于记忆，对照思维导图我们就可以侃侃而谈了。

# 第5阶段

# 产品设计思想

## 第 26 天　简约设计：设计出简约的产品

### 如何才能设计出简约的产品

有一位网友在笔者发的帖子下留言，大致意思是："老吴，看了你之前写的文章，我理解你的意思好像是说功能越多越好，但我使用一些软件时只会用到其中很少的一部分功能，我反而喜欢简约的软件，功能太多，我反而不喜欢"。

原文如下，决非笔者杜撰：

莉莉安兒说道：
2016-04-26 03:51

3#

老吴您好！
我有点疑问想向您讨教～～～
文中说......"今天想起20个功能点，明天与市场人员聊又收获了10个功能点，从而不断地得出产品的功能点" 意思是功能越多越好吗？
但是我自己用软件的时候基本没有用到全部功能，对于有些软件反而喜欢简约的......太多功能我反而不喜欢...

我是这样回复的：

产品人老吴说道：
2016-04-26 10:46

推荐有时间看下我写的给产品做减法。产品功能要简单，但简单是从繁杂中抽出来的，我做产品时是先从找出所有的功能点后，再梳理，抛弃，整合或隐藏，最后呈现给用户的是简单的产品。但过程是先做加法（找出产品功能，尽可能的多找）、再做减法（为产品分分优先级后大刀阔斧地砍）

看了网友的问题，可以知道简约的产品会更容易上手，用户也更喜欢使用，但是如何才能设计出简约的产品呢？**我们不是做简单的产品，而是要把产品做简单，让用户觉得简单。**

当我们计划做一款产品时，最开始要做的就是各种调研，与目标用户交流、与市场人员交流、与运营人员交流，了解他们对产品的期望并从中得出产品需求。我们会发现，不同的用户因角色不同，对产品的期望也不同，希望产品解决的问题也不同。

经过几十天的调研后，翻翻最初的调研笔记，可能已经记录了几十页的内容，功能点也不下一百个了，那么怎么梳理这么多功能点呢？

产品就是要做得简单、简单、再简单，用户喜欢的是"不要让我想，不要让我烦，不要让我等"的产品，将产品简单化设计才能"不要让我想"，每增加一个功能，产品的复杂度就增加一分。

**有什么方法可以让产品变得简单呢？**

下面先来看几款产品的设计。

### 产品一：一张躺椅走天涯

如下图所示，三根小木棍组成木制框架，外加一张手工布料，这就是由斯洛文尼亚设计师 Nik Lorbeg 设计的"Leano"躺椅。它具有便携、轻巧、极简的结构，但又很实用，露营、远足、旅行……无论随时随地，用户都可以轻松地将它支起来，从而让自己有一个干净的座位。"Leano"折叠起来长度仅有 49 厘米，比一台 iPad air 还轻。

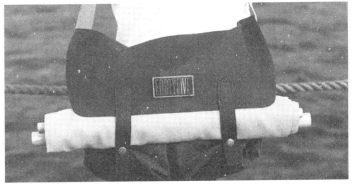

**产品二：简约浴室水槽**

下图所示的水槽由优雅的大理石与透明玻璃组成，简单的几何形状创造出有趣并且极具视觉吸引力的效果，即使水槽尖锐的边边角角让人心生不安，但仍然让人由衷地喜欢。

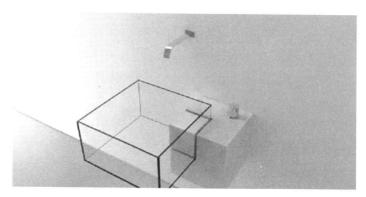

这就是简单的魔力，这样的产品让你一看就懂，用起来还很方便，实际上看起来简单的产品在设计时却是要花费更大的心力。

**如何才能设计出简单而不平凡的产品？如何在满足用户需求，解决用户痛点的同时还不至于让产品显得纷乱繁杂呢？**

以下是笔者苦心钻研的设计出简单而不平凡的产品的独门秘籍。

### 1. 去伪存真法

当产品有大量的功能需要展示时，我们首先要考虑的就是：这些功能都是必要的吗？用户最期待的是哪些功能？有的功能砍掉了会影响产品的使用吗？针对我们设计的每一个功能都要问这三个问题，最后再决定这个功能是否要做。**把不必要的、不**

重要的功能通通砍掉，不符合这三条法则的功能就是软件产品中的鸡肋，这是将产品化繁为简的第一步。

### 2. 收纳法

如何将软件产品的功能收纳起来呢？先来看一看微信是如何利用收纳法将功能收纳起来的，如下图所示。

在现实生活中，我们家里的物品都会被分类装到柜子、箱子里（见下图）。为什么软件产品不可以这样做呢？可以将类似的、不太常用又必要的功能都收到"箱子"里，在首页只留一个入口就好了。

上图中的左图是在微信首页中点击"发现"选项后打开的页面，右图是点击左图

中的"游戏"选项后打开的页面。从上图可以看到，游戏页面里的功能有很多，如果把这些功能都拿出来，那么微信的界面就不会像现在这样简约了。微信中不仅仅收纳了"游戏"功能，还收纳了"购物"、"钱包"、"卡券"等功能。将这些功能每一个拿出来都是一个庞大的系统，然而这些功能又与微信的聊天主功能关联性不强，所以可以把它们收纳起来，在首页留一个入口就好了。

### 3．隐藏法

笔者小时候在东北老家住平房时，屋前有一间仓房，里面会放着粮食、袋子、铁锹等，当要到地里干活时，大人们就到仓房里拿农具。使用仓房的好处是既可以放很多工具又不影响屋子的整洁，使用这种仓房储物的方法叫作隐藏法。产品也可以将许多功能收藏起来，平时用户也不知道有它们的存在，当对软件慢慢了解后，才会发现原来还有这些功能。隐藏法保证了产品的简约，而又不会使产品的功能有所缺失。

下面来看一看微信是怎么使用隐藏法使产品变简约的，如下图所示。

当用户长按某一条聊天记录时就会弹出一个菜单，此菜单就是针对此条聊天记录的操作。平时用户是看不到这个菜单的，只有当用户长按聊天记录时它才会出现。这种功能在产品界面上连操作入口都不用留，而是等用户自己慢慢来发现，这就是隐藏法。

### 4．插拔法

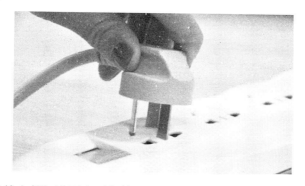

做软件开发的人都知道面向对象的开发方法，面向对象开发的思想最重要的三点就是封闭、继承和多态。可以将产品和事物都理解成对象，再把这些事物封闭起来，如手机里面有各种线路板，将这些我们不需要了解的东西都封闭起来，这种被封闭后的事物就叫作对象。用户不需要知道对象内部是什么，当对象之间需要调用时，只需要通过接口来互相传递消息，接口的作用就如同插座与插头的关系。如果产品的设计也能借用这样的思想，把各个模块做成可引用的、可插拔的，对于不需要的人可以不用理会，只要把有需要的人引进来就可以使用，用完了还可以从功能列表中删除，那么这样的产品设计就会使产品功能简化很多。

下面看一看微信公众号后台是如何利用插拔法设计的，如下图所示。

在微信公众平台里，微信的各个功能为可插拔的插件，当需要某一个功能时，只要将此功能添加到菜单中即可，不需要时也可以停用，这样就降低了产品的复杂度。

这种方法适用于某些用户的特殊需求，有的功能不是所有用户都会经常使用，可以将这种不经常使用的功能做成插件，让用户选择性添加。

### 5. 用户分级法

做产品前先要分析用户，根据不同的用户属性将用户划分成不同的类别，再根据不同的用户类别特点设计不同的功能。例如对于比较熟悉计算机技术的用户，我们可以开放一些复杂的功能给他们；对于老年用户，我们可以开放基础功能，具体如下表所示。

| 分类维度 | 分　类 |
|---|---|
| 按年纪 | 青年用户、老年用户 |
| 按使用频率 | 常用用户、不常用用户 |
| 按对产品了解程度 | 高级用户、普通用户、初级用户 |
| 按地域 | 北京用户、上海用户、深圳用户…… |
| 按性别 | 男用户、女用户 |
| 按教育程度 | 高知用户、低知用户、无知用户 |
| 按经济条件 | 高收入用户、低收入用户 |
| …… | …… |

将产品按用户属性划分后，再将产品的功能按用户属性进行分类，看哪些功能适合哪些用户，假如整个产品功能分 100 个功能点，如果按用户分类后，可能高级用户就会用到 80 个功能点，初级用户用到 50 个功能点，这样就会大大降低产品的复杂度。

举一个例子，下面来看看微信公众平台是如何做的，如下图所示。

微信为高级用户增加了开发者模式，通过开发者模式可以更好地服务高级用户。现在滴滴也增加了老年人模式，老年人也可以方便地使用滴滴打车了。

**总结**

　　要设计出更简约的产品可能还有更多的好办法，在这里只是抛砖引玉。对于功能性单一的产品，做到简约比较容易，但是对于功能性比较强的产品，如要做到简约就是比较复杂。只要将产品按用户、功能、使用频率、优先级分好类，就可以用上面的方法化繁为简。分类是归纳的前提，就如同我们收拾屋子，一定要按不同的类别收纳。清晰的分类是简约设计的前提，只有产品的设计简约、清爽了，用户才会用、爱用。

## 如何给产品做减法

　　很多产品经理总喜欢将产品做得"大而全"：功能要多、受众面要广、思路要新；客户的需求得满足，竞品功能得有，自己的特点也得有。岂不知这样会让产品主题不突出，方向不明确，丢失了产品设计的初衷。如果想把产品打造成精品，做大、做全不是出路。至繁归于至简，给产品做加法会使次要功能冲击核心功能，使主题不突出。好产品应该是在做加法后再做减法，找出产品的核心价值并突显出来，非重要功能要做减法。要打造一款成功的产品，一定要做好产品定位，切忌功能繁杂，让次要功能冲击主要功能。

传统观念认为，产品的功能越多，产品的吸引力越强，产品的用途就越广，这个观念正确吗？根据"二八理论"，一个产品 80%的功能是次要功能，很少会被用到，用户经常使用的只是 20%的少数功能。例如，根据笔者公司所做的幼儿园视频监控产品的数据统计，用户最常用的功能是"视频"和"宝贝动态"这两个模块，其他大多数功能的访问频度都很低。从中可以看出，好的产品更应该关注产品的深度，而不是产品的广度。要把产品的重心放在 20%的功能上并做到极致，对于其他 80%的功能，最简单的方法就是忍痛割爱，有选择地砍掉多余的功能。

**在产品的开发过程中，通常要从以下几个方面给产品做减法。**

**1．改进核心体验，突出产品的重要功能**

产品要想成功得有自己的特点，然后把这个特点放大、突出，主次分明、中心思想明确。创业型公司更不适合做大而全的产品，要做小而精的产品，即追求单点功能的极致。

**2．给需求分等级，按优先级排序**

要重点专注于优先级高的需求，这类需求就是核心需求。要通过小步快跑、快速迭代的方式来不断完善产品。还要知道满足主流用户的"好功能"和所谓业内专家所说的"好功能"的区别，让市场来检验产品。

**3．剔除不健全、不完整、没考虑清楚的功能**

对于思路不清晰、模式不清楚的非重要功能，以及不完善的功能，会让用户有不好的体验，给用户带来的不是关爱，而是伤害，对于这类功能，最好的方式就是剔除。有时我们会因为在这些非重要功能上已经花费了大量的时间和金钱，不忍割舍，但做产品就要有壮士断臂的决心。只有抛弃残疾的、丑陋的功能，才能展示出美丽的、可爱的、强壮的产品。

**4．剔除产品小组成员的"假如用户……"功能**

当产品经理坐在会议室内讨论需求的时候，总是会说一些"假如用户……"的话，一旦这个话说出口，大家就都很谨慎，被判死刑的功能又会安然无恙地回到产品中。

所以，在讨论产品功能时，应该把重点放在产品的核心功能上。

### 5. 不要错删功能

有时一些很重要但技术上又有很难实现的功能，会受到来自技术人员的阻挠，希望砍掉这些功能。这时产品经理就要发挥判断力，合理评估，如果是重要的功能就应该协调和说服相关人员，以推进产品向正确的方向发展。

## 第 27 天　营销思维：如何把营销思想融入产品中

对产品经理来说，产品只停留在解决用户的需求层面是不够的，好产品不仅要解决用户的需求，还要有营销基因。谈到营销，读者最熟悉的应该是电商行业的营销了，"6.18""双十一""双十二"等电商促销日的销售额年年都在攀升。你可能不是电商行业的从业者，但你一定是电商行业的消费者。

先从电商行业谈起，笔者把电商分为"平台化电商"和"内容型电商"。在货架式销售模式时期，电商还没有起步，抢占超市、商场的货架并占据有利位置是那个时期的主旋律，此时主流的营销传播渠道多为电视、杂志、报纸、电台。互联网兴起后，传统的销售模式被打破，电商成为新的王者，竞争从线下走到线上，销售模式从货架换成了淘宝、京东等平台，这种电商就是平台化电商，此时的营销方式大多靠引流、低价、好评等。时代继续发展，一种新的电商模式出现了——内容电商。内容电商以做内容为主，搭载着内容进行商品的销售和推广，如当下的自媒体、直播，通过做微博、微信公众号、直播等形式让内容飞速传播，例如 PaPi 酱、老罗、鬼脚七。内容电商通过优质的内容传播，进行内容式营销。

平台化电商更多的是关注商品的品质、价格、好评，用户在购物时，会看价格是否优惠、商品是否实用、质量是否过硬等。当用户看到昨天花 888 元买的微波炉，今天只卖 788 元时，会怎么想？当用户看到自己在京东上花 5000 元买的抽油烟机，在淘宝上只卖 4000 元时，会怎么想？用户在平台化电商中购物时防备心理、比较心理在潜意识中会被激发出来。

内容电商模式是在用户看文章、看信息时将产品的优势娓娓道来，此时用户并没有在"购物中"状态，并没有产生防备和比较心理，加上对网红达人的信任，在无防备状态下他们很容易产生购买行为。如罗永浩的罗辑思维公众号里每天会有 60 秒的新书推荐，他通过 60 秒的讲解将推荐图书的精髓道出，用户听了之后会受其影响而产生购买动作。在整个从"听介绍"到购买的过程中，用户处于一种学习的状态，购物模式并未被开启，在无形中产生了购买动作，这就是内容型电商。**内容型电商以推送有价值内容的形式达到销售目的，在销售过程中用户处于非购物状态下，通过内容信息的传递很容易让用户产生购物欲望。**

从货架式销售到平台化电商，再到内容型电商，营销模式在不断细化：从粗犷式营销到精细化式营销。货架式销售的主要目的是增加线下曝光度，让用户从逛街转变成购物，商品曝光度越大，销售量越大。电商式营销采用的是在线上曝光，展示商品评价、销售量、基本信息及价格的方式，促成用户购买。内容型营销是以内容为载体的精细化营销方式。自媒体都有自身的定位，通过粉丝们的关注就已经完成了用户市场的细分，之后则通过内容和情感的传递实现销售目的。这种方式的好处是在用户购物状态未开启时就完成了购买动作，用户不会产生比较心理，在未知状态下产生购物需求。

举一个例子，下图是某自媒体电商卖的案板，其以在家做菜的形式来讲述产品故事，整个过程都在讲做菜的心得，再配上制作时的插图，在文章结尾处才进入正题（卖案板），不过新型案板的功能特点和优势也在做菜的过程中以图片的形式体现出来了。

　　这就是内容营销模式，即先把用户带入设定好的故事情境中，当用户入戏后再推出主题。这种营销模式更像电视剧里植入的广告，如果广告植入得好，与剧情配合默契，则观众是不会反感的，而且还会主动购买。

## 如何把营销思想加到产品中

　　上述内容是为了引出本节的核心思想——如何把营销思想融入产品中。在调研、设计一款产品前，除要考虑其功能性、易用性外，还要考虑产品销售的问题。不懂营销的产品经理很难抓住用户的心，做产品就是做人心。见微知著、洞悉人心，这才是好的产品经理。大多数产品都是平台化模式，以功能性为主，产品内容如商品一样在货架上展示，与平台化产品的模式相似，如 58 同城、智联招聘、京东等。除平台化产品外，内容型产品也开始悄悄兴起。内容型产品与内容型电商的模式相似，产品中以内容为载体，通过情感来打动用户，如微信、网易云音乐、各种直播软件等。微信就像一个内容生产机器，用户在平台上会主动建立自己的朋友关系，加入各种社交圈子，展示自己的生活动态，通过交流实现朋友之间的情感传递。网易云音乐以音乐为载体，通过音乐推荐、音乐评论，让用户结交有共同爱好的朋友，实现了用户之间的情感交流。内容型产品的两个核心要素是内容和情感，让情感附着在内容中，用户会主动生产内容、传播内容，如蒲公英种子一样漫天飞舞，产品的市场增长率会随着内容的传播而迅速增长。

下面以百度音乐、网易云音乐为例，具体介绍如何把营销思想融入产品中。

为什么选这两款产品呢？网易云音乐是 2013 年音乐类产品中的新秀，在 3 年的时间里用户量过亿，是成长最快的音乐类产品，被称为"音乐新贵产品"以及"最懂用户的音乐类产品"。

百度音乐是老牌音乐类产品，2011 年百度旗下音乐平台 ting 正式上线，后来合并了"千千静听"，千千静听的音乐历程就更久了，2008 年笔者就在用这款产品听歌。现在百度音乐在音乐路上已经走过很多年头，是传统型音乐类产品的代表。让这两款新旧音乐类产品来一次碰撞，产生的对比效果会更强烈。

### 1. 百度音乐分析

百度音乐的界面如下图所示。

其导航栏目如下图所示。

● 栏目说明

百度音乐的一级栏目有"我的"和"乐库"，打开此产品时默认"乐库"栏目是被点亮的，也就是最初"乐库"栏目是被选中的状态，"我的"栏目是灰色状态。"乐库"栏目下又分"推荐""歌单""榜单""歌手""电台""K 歌"栏目。

● 结构

百度音乐的结构如下图所示。

● 分析目的：

通过导航可以了解产品目的。产品的导航表达了产品的核心目的，从其布局上能看出产品要表达的思想、传递的理念，分析产品的第一步要先从导航入手。百度音乐是平台化电商代表模式，它将音乐以货架的形式摆放在产品的各个栏目中，用户就像逛超市一样，可以边走边看，直至找到自己想要的商品并放进购物车中，通过分析此款产品可以更好地理解平台化电商模式型产品。

● 分析

一般情况下，在产品中位置靠前的栏目的重要度大于靠后的栏目，靠上的栏目的重要度大于靠下的栏目。在百度音乐中，"我的"栏目在"乐库"栏目前面，可能是因为百度音乐希望让用户一上来就能找到自己想听的音乐，而"我的"栏目里收藏的都是用户喜欢的音乐，所以把此栏目放在前面。"乐库"栏目下有推荐、歌单、榜单、歌手、电台、K 歌这些功能，对歌曲做了很细的分类，这说明百度音乐希望通过对类别的细分让用户尽量从货架上找到自己喜欢的商品。

### 2. 网易云音乐

网易云音乐的界面如下图所示。

• 分析目的

网易云音乐是内容型产品的代表，其通过用户历史大数据进行分析，将智能化推荐结果摆放在用户面前。例如通过分析用户近期听的歌曲类别、音乐人类型、音乐范围、听歌频率、使用场景等，优先找出用户想要的商品（音乐）。网易云音乐已经摆脱平台化产品的机械布局方式，更多的是从人性化角度出发，产品更细腻，更智能。

• 分析

网易云音乐的一级栏目有"发现音乐""我的音乐""朋友""账号" 4 个栏目，如下图所示。

"发现音乐"栏目就是利用大数据、智能化推荐商品的模式，向用户推荐音乐，找出用户喜欢的商品并推荐给用户。

"我的音乐"栏目是用户历史下载的音乐、最近播放的音乐或收藏的歌手，相当于购物网站中用户购物车中的商品。

　　"朋友"栏目下有"关注"和"附近"两个子栏目，这两个功能是以音乐为载体，可以查找附近听音乐的人，并可以建立与自己有共同爱好的音乐人圈子。以音乐为媒，建立有共同爱好的社交群体。此栏目的目的是让产品更有情感，更具有传播性。让用户生产内容的过程，是内容型产品的主要特点。

　　"朋友"栏目的功能界面如下图所示。

### 3. 网易云音乐与百度音乐的差异性

　　网易云音乐的"发现音乐"栏目与百度音乐的"乐库"栏目都是存放商品（音乐）的地方，但又有所差别。"发现音乐"是找到好音乐并推送给用户，网易云音乐更多的是关注用户并根据用户的需求推送好音乐，毕竟每个用户的音乐爱好各不相同。"乐库"是音乐的仓库或音乐的宝库，说明这里面会有很多音乐给用户听。从定位上看，这两个音乐产品已经有了本质的区别：一个重在音乐内容上，一个重在寻找音乐上；一个重在音乐品质，一个重在音乐社交，如下图所示。

百度音乐在百度百科中的介绍如下:

> "百度音乐为用户提供海量、正版、高品质的音乐,极致的音乐音效和音乐体验,权威的音乐榜单,极快的独家首发歌曲,极优质的歌曲整合歌单推荐,极契合用户的主题电台,极全的 MV 视频库,人性化的歌曲搜索,让用户更快地找到喜爱的音乐,为用户还原音乐本色,带给用户全新的音乐体验。"

从以上介绍中可以摘出关键词:**门户、高品质、海量、榜单、首发、推荐、搜索、体验**。从这些关键词中能看出,百度音乐做的是"平台化"的模式,平台化的特点就是功能强、品类多、内容丰富。为用户提供更高品质的音乐是百度音乐的核心,这就是为什么百度音乐的栏目名叫"乐库",它希望自己做的是音乐的门户、音乐仓库,收集更多、更好的首发音乐。它与上面提到的"平台化电商"模式是相似的,每款音乐歌单就如同货架上的商品,当有新商品或特卖商品时就会以"榜单"形式推出来,以达成一次音乐促销。

而网易云音乐在百度百科中的介绍如下:

> "网易云音乐是一款专注于发现与分享的音乐产品,依托专业音乐人、DJ、好友推荐及社交功能,在线音乐服务主打歌单、社交、大牌推荐和音乐指纹,以歌单、DJ 节目、社交、地理位置为核心要素,主打发现和分享音乐。"

从以上介绍中可以摘出网易云音乐的关键词为:**发现、分享、音乐人、推荐、社**

**交和地理位置**。从这些关键词中可以发现，网易云音乐并没有把重点放在音乐品质和音乐的首发上，毕竟它是一个相对年轻的平台，与酷狗、百度音乐、QQ 音乐这些音乐产品硬碰硬绝对不是它的强项，也不会产生差异化。转换思想走音乐社交模式，才会绝处逢生，这就是网易云音乐只用了 3 年用户量就过亿的原因——在"蓝海"市场中找出路。

网易云音乐采用内容型产品的销售模式，虽然音乐还是主体，但是给音乐增加更多的元素，让音乐讲故事（社交、发现、推荐、分享、评论），用故事化的模式带动音乐的传播，例如给音乐加评论，在"朋友"栏目中加好友，给音乐加上社交属性，给自己喜欢的音乐做推荐等，让用户有被关注的感觉。从歌手的角度看，歌手希望看到别人是如何评价自己音乐的；从用户的角度看，用户听的不仅是一首歌曲，更是一份情感，用户可以给喜欢的音乐好评，并加以评价，也可以分享给好友建立互动。其中"朋友"栏目以音乐为媒，让用户可以在音乐里发表自己的感想，插入自己的音乐，还可以利用"附近"功能找到附近有共同爱好的朋友，以音乐为媒，建立自己的音乐圈子。

内容型产品还可以发展成内容型的电影类产品、商城类产品、学习类产品等模式化的产品，以电影、商品、知识为媒，做精细化社交，例如电影＋社交、商品＋社交、文化＋社交，让人与人的距离可以更近，并且随时可以关注远在天边的朋友。笔者认为，最擅长"社交"的就是腾讯公司，从 QQ 到微信，从 PC 端到手机端，从互联网到移动互联网，他们懂社交、懂人心。微信是在 2011 年上线的，在 2013 年已经发展起来，到今天已经变成人手必备的产品。网易云音乐是在 2013 年上线的，2016 年其用户数过亿，说不定在不远的将来就会成为人手必备的产品。目前酷狗、酷我、百度音乐等老牌音乐产品还进行着同质化竞争，在功能和高音质的道路上拼杀。音乐类产品可以玩的样式不太多，其本身没有很强的复杂性，用户的终极目的是"听"。而搜索音乐很复杂，在千万个歌单中搜索音乐是一件麻烦的事情，用户在搜索前可能根本没有目的性，只想听好听的音乐，但"好听"对于不同的人理解又各不相同。只有将音乐的内容与用户的心境达成契合才是完美的匹配，因此，找到符合用户口味的音乐，为用户节省时间是好的音乐类产品最重要的标志。

高品质只是产品的基础服务，就如同高铁的铁轨建设是基础服务，为用户节省时间、高质量的服务才是王道。如果高铁上的服务也能向航空服务看齐，那么高铁将会有更大的发展空间。写到这里笔者想起了今日头条的宣传语："你关心的才是头条"。做音乐也一样，"你喜欢的才是好音乐"。每个用户都有自己个性化的喜好，可以通过搜集当前用户的历史歌单和常听音乐的播放频率，再结合用户当时的心境，将收集到的信息在音乐大数据中进行匹配推送。音乐大数据要做好歌曲分类，为每首歌曲加上不同的音乐标签，做好音乐细化，只有做好大数据，才能实现精准化的音乐推送。

音乐是什么？音乐是表达情感、抒发感情的一种方式。音乐本身就是情感，让音乐讲故事，实际并不难，新浪微博可以请"大 V"入驻，音乐类产品也可以请音乐人入驻。微信可以有公众号，音乐类产品也可以给努力上进并愿意实现音乐梦想的音乐人更多的空间。在北京的地铁里经常有流浪歌手，他们拿着吉他在地铁里边弹边唱，并自费录制了自己的音乐光盘，他们身前的背包上还挂着自己的介绍。实际上他们多么希望有一个空间可以发出自己的声音。在看《中国好歌曲》时，笔者在想，中国有这么多好的歌手，为什么只能通过电视媒体挖掘出来。互联网时代的网络音乐平台为什么不可以为他们打开一道门，开启一扇窗。如果有可能实现，那么音乐人是不是更愿意依附这个平台，用户是不是会更愿意互动？因为是他们见证了音乐人的成长，见证了一首歌曲的成功。这是笔者对音乐类产品的建议，实际还可以做很多，做产品需要的不是固有思维，而是凌驾万物的空灵思想。还是那句话，要洞悉人心、换位思考，做产品实际上可以很简单，但做好产品真的很难。

## 总结

　　营销是让用户了解产品内涵，对产品内涵进行深挖，以契合用户的需求，从而实现让用户购买和使用产品的目的。产品的营销是先有产品，再挖掘卖点和策划宣传方案，以达到推广、销售的目的。但笔者想说的是，产品经理是否可以反过来想问题，在做产品前就考虑产品的营销和推广，让产品更懂用户，更懂市场。营销人员是最了解用户并与用户接触最多的人，他们的目光多集中在用户心理上，我们是否可以向他们学习，把营销思想"拿"过来，加入产品中。就如前面所说的"平台化电商"与"内容型电商"的营销模式，将电商思想推广开，就可以把产品分成"平台化产品"和"内容型产品"，这两种产品谁好谁坏虽然还未决出胜负，但从对百度音乐与网易云音乐的分析来看应该已经初见端倪。建议百度音乐利用自身的技术优势做好大数据分析，从音乐识别、用户偏好、音乐社交、音乐故事上多下功夫；建议网易云音乐增加自己的技术实力，社交化可以再深入一些，为音乐人多开辟一些可以抒发情感、交流音乐的渠道，让用户可以更近距离地接近音乐人（不一定是名人，也可以是普通的音乐人）。

## 第 28 天　设计模式：从人性角度谈产品的设计模式

你是否经常会听技术人员提起"模式"，例如工厂模式、适配器模式、观察者模式、外观模式等。那么，什么是模式呢？模式就是在软件开发过程中，同样一个问题被不同的人重复遇到，为了避免下次遇到时还不知道如何处理，有人将经常遇到的问题及问题的解决方案进行总结，以后再有人遇到同类问题时就可以直接调出解决方案进行处理，此类问题的解决方案就是一种模式。笔者认为，各行各业都可以有模式，例如汽车维修、销售推广、人际关系等，同理，产品设计也有自己的模式。

## 产品设计模式

### 1.　手机互联的世界

世界在不断发展着，从单机型产品到互联网型产品，从互联网型产品到移动互联网型产品，今天的世界已经是移动互联网的世界，只有顺应时代的发展，才有出路。

### 2.　产品设计的优先级

从人性的角度出发，什么才是人们内心深处最喜欢的事物呢？

（1）阴暗面高于趣味性

在当今社会中，人们都是把美好、善良、阳光的一面展示给大众，而把丑陋、邪恶、阴暗的一面隐藏起来。

每个人的内心深处都住着另外一个人，只要一有机会就会将他释放出来，露出一丝邪恶的笑。有的人喜欢赌博、破坏、暴力，只是理智战胜了邪恶，控制住了自己的行为。现实生活中不能做的，如果在产品中加上一些这样的元素，相信会更吸引人，就像电影，暴力片、恐怖片、灾难片这类电影的火爆从另一方面说明市场有需求。软件产品也一样，从各类游戏产品中同样能找到这类题材的影子，这类游戏产品可以更好地释放人们的压力，让人们可以从快节奏的生活方式中放松自己。

（2）有趣性高于功能性

人们为了解决在墙上打洞的问题，发明了电钻，并配上各种型号的钻头，人们解决完问题后，电钻就会被永久搁置，直到下次再有打洞的需求。产品必须要有趣，有趣的产品才会产生黏性，用户的问题是一次强需求，但往往不会是长期需求，只有兴趣才会是长期需求。有的软件为了让产品变得更有趣，会加上社交功能，如微信、小咖秀、花椒（见下图）等。只有让产品不断地产生新的内容，并让故事的题材与用户更接近，才可能形成更好的传播和口碑，让产品飞舞起来，让产品有趣起来。

（3）功能性高于交互性

用户的核心需求是解决问题，只要解决了用户的问题，用户就会满意，对于电钻（见下图）的包装如何精致，用户并不会太在意。

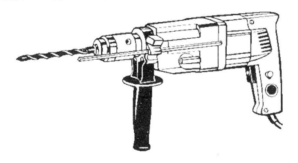

（4）交互高于 UI

便捷、快速的交互设计是解决如何让产品变得好用的问题，而漂亮的 UI 是解决如何让产品变得好看的问题。同样是电钻，友好的操作方式比漂亮的外表更具有实用性。对于软件产品，用户不会因为产品好看而购买，而是因为产品好用。UI 要围绕着产品的具体功能而设计，而不是因为有优质的 UI 方案而专门设计功能。

### 3．产品单一化设计

产品要尽量进行单一化设计，例如菜刀就是用来切菜的。一款产品要只专注一个功能，一个功能大而全的产品则意味着平庸，只有将产品做精才可能成为精品，像瑞士军刀这种产品也只适用于野外生活等少数场景（见下图）。建议将产品做专、做精，避免做大、做全，像滴滴、优酷、脉脉等成功的产品，都是做专、做精的成功案例。

### 4．单维度设计

人的思维是单线程模式，很难在想 A 事情的同时还能想 B 事情。产品是给人用的，产品的设计也要遵循人性的特点，要尽量减少多维度设计，而采用单维度设计，这样更易于用户理解，让用户的思维在一个维度上飞舞。当产品拥有多维度时，将会加大用户理解的难度。

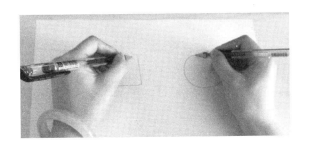

### 5．核心业务清晰，次要业务不可喧宾夺主

产品的主要功能架构是产品的骨骼，应该尽量让其保持简单、清晰，不可以轻易变更，让用户无所适从。产品的次要功能可以丰富主要功能，但不可喧宾夺主，次要功能可以在二级档目下，或者将其收藏起来。记住，配角只是配角，不可抢戏。次要功能在需要时再调出来，切不可放在一级页面中。例如微信，其核心功能是社交，像游戏、购物、钱包等功能都只放在微信的二级栏目中，如果把购物等功能提到一级栏目中，那么微信就不再是一款单纯的社交软件了（见下图）。

### 6．不要让用户选择

如果在同一个页面里有多个选择入口，在同一个功能下有多种可以选择的实现方式，在同一个界面里有多种展示形式，那么这一切对用户来说都不会是一种享受，而是一种痛苦，会让用户患上"选择恐惧症"（见下图）。用户宁可采取重复操作固定的路径，也不愿意使用多变的快捷方式。

### 7. 不要让用户思考

要使用隐藏技术，永远展现出产品简单、人性化、符合人类直觉的一面。开发人员不可以为了炫耀技术而展示功能，产品不可以为了炫耀而堆砌功能。人都是懒惰的，产品就是要让用户更省事，像汽车、洗衣机、电饭锅等这类工业化产品大大方便了人们的生活。现在，各种智能化产品还要解决人类思想"懒"的问题，谁能让人更懒，谁的产品就会成功。

### 8. 拒绝个性化

每款产品都有自己的定位，或是服务于某个行业，或是服务于某类人群。产品本身的特点决定了它是服务于一个群体，而不是服务于特定的用户。产品要拒绝个性化，除了依靠设计特色而立身的产品外。换界面皮肤一类的个性化设计，除了能给产品经理各种自己做了许多工作而自我满足的错觉外，没有任何价值。它只能证明产品经理对自己的产品不自信，因为自信的产品经理凭借默认界面皮肤设计就可以满足用户。所以，一个好的产品，应该满足其定位人群。

### 9．产品要从问题出发

产品的定位点是人，着眼点是问题，生存土壤是解决方案。做产品前要先做好产品的定位，并且在这个领域内用户确实存在着痛点，只有抓住用户的痛点，才能很好地解决用户的问题，产品才会有机会、有市场。一定要记住，产品用来解决人们在现实生活中的问题，让世界变得更简单。

### 10．跳出产品看产品

在分析需求时，产品经理往往会陷入产品的需求和设计里，难以自拔，过度注意需求就很难看清庐山真面目——整体需求的全貌则会被忽略，总是在为解决问题而解决问题，很少会跳出产品来思考问题。

作为产品经理，要先想清楚自己究竟要做什么，不要去迎合上司，不要去讨好用户，要做真正属于用户的产品，要跳出产品看产品。

### 11．永远围绕功能做设计，永远不要本末倒置

前面提到了产品设计的优先级，即功能性设计高于交互性设计，交互性设计高于UI。对产品来说，交互性设计和 UI 都属于产品设计。所以，在做产品时，要先有功能再有设计，要因功能而设计，不要因设计而做功能，不要本末倒置（见下图）。

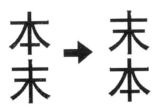

### 12．一个产品的核心功能不受用户认可，做加法也无济于事

需求分为核心需求、基本需求、满意需求、期待需求、兴奋需求。核心需求指的是用户最想要解决的而且能明确说出来的需求。在满足用户的核心需求基础上，再满足用户其他各层面的需求，用户才会领情。例如，苹果公司在设计 iPhone 时，如果其他功能都有，唯独不具备打电话的功能，那么 iPhone 就不可能有今天的火爆。所以，产品的各种优化和功能设计都不能影响产品的核心功能。

### 13．想不清楚，宁可不做

作为产品经理，有时更需要一份灵感、天分。如果想不清楚一个功能点，那么宁可不做。有时，方向错误会是更严重的错误，不要轻易地说 OK，需求和功能设计需要更多的推敲和琢磨。产品经理要时常保持思想活络，善于捕捉事物的本质，想不清楚时就要静一静，停一停。

### 14．尽量不让用户在产品里做管理

相信读者都用过滴滴打车 APP（见下图），此款 APP 会自动定位打车用户的出发地，用户只需要选好目的地即可，滴滴打车让用户打车变得很简单。如果在产品的客户端给用户加上管理功能，就会让产品变得很复杂。例如，笔者之前给房地产公司做过一款"房产信息网"的产品，在此产品中除为房地产公司开通自己的管理后台外，还为经纪人和买卖房产的用户各开通了管理功能，买房和卖房的用户可以在用户管理端了解自己关注的房源和买卖的房源，并能实时跟踪。加上此管理功能后，看似让用户拥有了更强大的功能，但同时也给用户带来了很大的烦恼，增加了产品的复杂度。从此产品的访问数据上也可以看出，买卖房产的用户很少在用户管理端登录和管理自己的房产信息。

---

**总结**

　　做产品是一件复杂的事儿，做好产品更是不易。建议产品经理要多积累，并形成自己的产品设计模式。另外，做产品一定不要脱离了人性，没有人性的产品只是一副躯壳而已。

---

## 第 29 天　分析图形：用鱼骨图来分析问题

　　**鱼骨图**是日本管理大师石川馨发明的，又名石川图，也叫因果图，鱼骨图因其形状像鱼骨而得名。利用鱼骨图便于梳理思路、透过现象看本质，图形化的方法可以让人们把精力集中到问题的本质，而不是集中在问题的过程和细节上。

### 做图建议

　　鱼骨图能让我们更好地找到产生问题的原因，集思广益，可以让事件相关人共同参与分析。在分析过程中不要打断别人的思路，将可能的原因一一记录，最后再统一合并、汇总。

### 鱼骨图画法

　　先看一下鱼骨图示例，如下图所示。

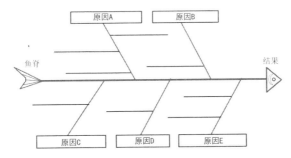

其中鱼头表示问题的结果，鱼脊是主干线，其他原因都是从鱼脊上分支出来的。从鱼脊直接分出的鱼骨为大骨，大骨与鱼脊之间的夹角为 60°，鱼骨上标识着对应结果的原因。从大骨上再分出的鱼骨为中骨，中骨与大骨之间的夹角还是 60°，以此类推，以后所有分支出来的鱼骨与上一根鱼骨之间夹角都是 60°。中骨与大骨之间的夹角为 60°，大骨与鱼脊之间的夹角为 60°，平行线内侧夹角相等，所以中骨与鱼脊为平行线。中骨再分支出来的鱼骨为小骨，小骨的下一级为孙骨，还可以继续分支下去，子子孙孙无穷尽也。

## 鱼骨图使用场景

鱼骨图分三种类型：原因型、对策型和整理问题型。

### 1. 原因型鱼骨头

原因型鱼骨图用来分析构成问题的原因，其中鱼头代表结果，一般用"为什么"开头，例如"为什么项目会失败""为什么项目费用超预算""为什么公司氛围这么差"等。这种类型的鱼骨图是通过已知结果来分析形成此结果的原因，参与人员经过头脑风暴找出答案。原因型鱼骨图的鱼头一般在右侧，原因在左侧。

下面以"为什么要加入老吴公众号"为例来分析原因型鱼骨头的画法，如下图所示。

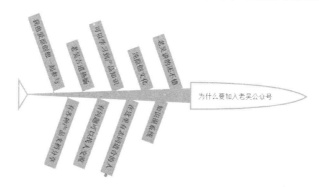

上图是用 XMIND 工具制作的，有兴趣的读者可以下载此软件。由于工具的原因，骨图没有显示出来，但有鱼骨线就可以了。

鱼头为分析的结果——"要加入老吴公众号"，"为什么"是用来找原因的，每个分支都是一个形成结果的原因，通过不断深入分析，罗列出所有形成结果的原因，并一一在大骨上列出来。整理出所有原因后，下一步就是细化细节。

细化细节示例如下图所示。

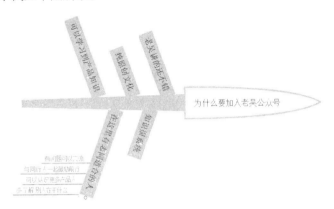

从上图可以看出，这一步进一步细分"志同道合"的价值，这里分为"有问题可以交流""与同行人一起鼓励前行""可以认识更多产品人""多了解别人在干什么"等，经过层层细分，最终找到真相。这就是原因型鱼骨图的分析和画法，也是鱼骨图的价值之一——分析形成结果的原因。

### 2. 对策型鱼骨图

对策型鱼骨图用来分析问题的对策，多以"如何……"开头，例如"如何才能实现年入百万元""如何才能加入理想的公司""如何才能做出好产品"……对策型鱼骨图的鱼头一般在左侧，对策在右侧。鱼头为结果，分析的内容为实现结果的方法。

下面以"如何获取软件需求"为例，分析对策型鱼骨图的画法，如下图所示。

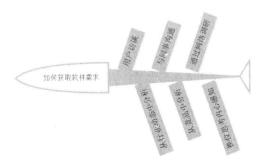

从上图可以看出，"如何获取软件需求"是一个问题，右侧鱼骨上的内容为具体对策。

### 3. 整理问题型鱼骨图

整理问题型鱼骨图的鱼头与各分支之间没有因果关系，它是用图形的方式来整理问题的结构。这里的结构指的是对象的层级，如同书的目录、网站的结构图等。鱼头为结果，分支为此结果的结构项。

下面以分析"产品讲学堂公众号"的功能结构为例，介绍整理问题鱼骨图的画法，如下图所示。

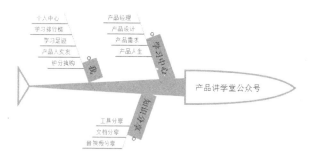

上图为"产品讲学堂公众号"的功能结构图，鱼骨上的内容为讲学堂的功能结构。因为公众号只能有三个菜单，所以大骨上的内容为"学习中心""知识分享"和"我"。大骨下再拆分出中骨，如果还有下一级功能再拆分出小骨头、孙骨……整理问题型鱼骨图的各要素之间不是原因和对策关系，而是结构关系。

## 分析问题从哪些方面入手

鱼骨图为我们提供了一种方便、直观的分析问题的方法，通过图形我们可以透过现象看本质。那么，我们应该从哪些方面入手抓住问题的本质呢？

可以使用 5W1H 分析法，也叫六何分析法，其应用于企业管理、日常生活、问题分析等各种场景。

5W1H 分析法，即从原因（何因，Why）、对象（何事，What）、地点（何地，Where）、时间（何时，When）、人员（何人，Who）、方法（何法，How）六个方面来思考，如下图所示。

下面以分析"为什么要加入老吴公众号"为例，具体介绍 5W1H 分析法。

（1）对象（What）——什么事情

老吴公众号是做什么的？里面有什么内容？

（2）场所（Where）——什么地点

在哪里学？在哪里分享？在哪里可以提问？在哪里回答问题？在哪里有哪些活动？在哪里学习大家更愿意来？在什么地方粉丝能找到我们？

（3）时间（When）——什么时候

什么时候学？什么时候写？什么时间有什么样的活动？

（4）人员（Who）——责任人、参与人

谁来教？谁来写？谁来参与？谁来分享？谁来学习？谁来参与？除了老吴和粉丝外，还可以有谁？

（5）为什么（Why）——原因

学生到底能学到东西吗？为什么要留在这里？学到了什么？是否可以与其他爱好者一起交流？除了学习外，还能带来什么？有问题时有人帮助我们吗？是否真的有人回答问题？为什么要做这个产品讲学堂？

（6）方式（How）——怎么样，如何

在这里学习效果怎么样？怎么样能让粉丝愿意留下来？怎么样能让大家都有分

享的意愿？怎么样能把学堂办得更好？怎么样让大家更快乐地聚在一起？怎么样能让每个人能快速地成长？

通过 5W1H 分析法可以更好地找出我们想要找的答案，并用鱼骨图的方法将它绘制出来，这两种方法简直是绝配！

## 总结

鱼骨图可以用来寻找问题的原因、分析问题的对策（解决方案）和分析对象的结构关系，以后再遇到这三个方面的问题，就可以考虑使用鱼骨图来分析。鱼骨图的应用不局限于软件行业，在各种行业中都可以使用。鱼骨图结构清晰，展示直观，可以让我们透过问题现象分析问题的本质。而 5W1H 分析法是一种分析问题的方法，便于找出问题的根本。鱼骨图是图形化的方式，便于我们总结问题，并将问题汇总起来。两者可以结合使用，一个用来找问题，一个用来总结问题、记录问题。

## 第 30 天　共鸣设计：以旅游产品为例，谈如何让用户产生共鸣

什么是共鸣？共鸣需要信息的发送方和信息的接收方，当发送方发送的信息传递给接收方时，接收方同时产生相同的意念或想法，从而引起心灵感应。双方能产生共鸣多是因为双方有共同的价值观、思维方式和行为准则。互相能够认同和认可，才有产生共鸣的基础。让用户产生共鸣就是在产品中加入共鸣思维，让产品成为信息的发送方，让用户成为信息的接收方，发送方通过内容的传递使用户产生共鸣。产生共鸣的因素多包括情感性共识、价值观共识、知识性共识、思维性共识等方面。

前几天笔者在网上看到了一篇网络文章《北京，我走了》：

在大学毕业后开始在北京打拼，打拼多年后得到的不多，失去的不少——青春、激情、爱情。青梅竹马的女友在北京工作多年后，变得越来越虚荣与物质，爱情最终败给了房子和车子。在北京买房成为许多人一生的追求，这里的生活像钟摆，早出晚归、工作忙碌；自己不敢吃、不敢花，只为有一处容身之所。为了它，青春没有了，激情耗尽了，毕业时的理想因它而不敢去实现，生怕失败后无立锥之地。本以为经过多年的打拼，面包会有的，牛奶也会有的，可是还没等到钱挣够，女友却等不及走了。我累了，倦了，乏了，没有她，这里还有什么让我牵挂？再见，北京，我走了，不再回来，让爱成为往事，让血慢慢凝结。北京，我注定只是一个匆匆过客，一切都是过眼云烟，两个人来，一个人走……

看了这篇文章，让同样"漂"在北京的笔者也无限感慨：爱北京，这里有我们奋斗的青春，有我们燃烧的激情；但有时又怅然若失，我们真的属于过这里吗？我们是否只是一个匆匆过客？

这就是共鸣，别人的故事触动了自己的内心，让内心与内心实现碰撞。

## 共鸣是怎么产生的

### 1. 情感心理共通性

与读者有相同、相似经历的故事特别容易让读者产生共鸣，因为相似的经历，特别容易勾起人们的回忆。就像失恋，基本上人人都有这样的经历，当别人讲述自己情感及失恋的伤痛时，自己也会一样莫名悲伤，产生同情心，此时共鸣感便会产生。

（1）共通性心理产生共鸣的示意图（见下图）

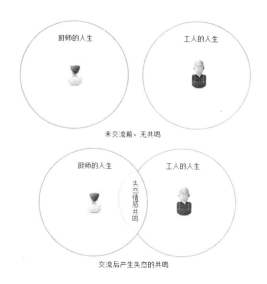

（2）产生共鸣的过程说明

角色：厨师、工人（失恋者）

说明：因为厨师与工人的生活方式与生活轨迹不同，两者平时没有共通点，在两人没有沟通交流前，他们生活在不同的生活轨迹上。当工人讲述自己失恋的故事后，便会打动有同样情感经历的厨师，触发厨师的失恋情感神经，产生共鸣。

### 2. 被带入制造的情境产生共鸣

女生都爱看韩剧，韩剧的情节让女生痴迷，她们总想像剧中的主人公一样，会遇到白马王子。当剧中"白马王子"的母亲极力阻挠时，她们也会义愤填膺，恨不得钻进电视里与坏人决斗。此时的观众已经被带入剧情中并把自己当成了女主角。这就是共鸣，通过剧情把观众带入思想的共鸣区，虽然观众并没有过类似的经历，但通过剧情的发展，先给观众模拟出一套情境带观众进入，随后，观众便会随着剧情的发展而产生共鸣感。

（1）剧情将观众带入情境产生共鸣示意图（见下图）

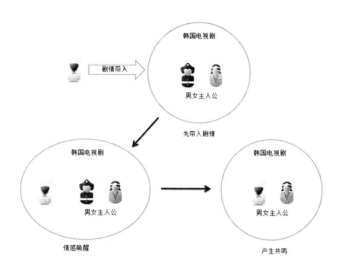

（2）共鸣过程说明

角色：观众，韩剧里的男女主人公。

说明：男女主人公演绎着生死爱恋的故事，看电视剧的观众被带入剧情中，随着剧情的发展唤醒观众的情感共鸣。观众的心也随着故事的起伏而起伏，在无形中把自己当成主角，随剧情发展而喜怒哀乐。

### 3．思想碰撞后形成共鸣

在《雪山飞狐》中，胡一刀与苗人凤因为误会而大战三百回合。在比武的过程中，他们相互为对方的高超武艺而倾倒。最后收招时苗人凤不小心误伤胡一刀，因剑锋有毒，致胡一刀死去。苗人凤伤心不已，含恨终身。他们在比武过程中相互切磋，通过比武实现了功夫的分享，最后两位顶尖武林高手内心相互认可，从而产生了理性观念的共鸣。粉丝对意见领袖的崇拜也是一样的，对于意见领袖从不认识到认识，从成为粉丝到崇拜。当成为粉丝后，意见领袖的各种思想和观念都会让粉丝们追崇，形成莫名的认同感，认同后就容易产生共鸣。

（1）理性观念产生共鸣示意图（见下图）

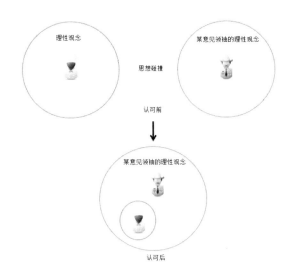

（2）共鸣过程说明

角色：粉丝、意见领袖。

说明：当意见领袖发表自己的观点，打动了从事此方面研究的听众，听过意见领袖的观点后，他们被深深折服，从而成为意见领袖的粉丝，对意见领袖产生了精神崇拜，从而产生共鸣。

### 4. 愿望共鸣

记得笔者在小时候听过一首歌《我想去桂林》，因此对桂林山水有着无限地向往和憧憬。可惜时至今日，仍未成行，原因就像歌词中写的那样：

"我想去桂林呀我想去桂林

可是有时间的时候我却没有钱

我想去桂林呀我想去桂林

可是有了钱的时候我却没时间"

对于普通人，一般都对自己得不到的东西、达不到的高度有着无限的执着和痴迷。如果自己达不到就希望自己的孩子或身边的人将来能达到，例如学习，因为自己上学时学习不好，所以想让孩子能学习好，于是为他花钱报各种辅导班，再苦再累都愿意。当有一天，自己的孩子考上了清华大学时，自己会无比激动。

（1）自己的愿望与亲友的行动叠加而产生共鸣示意图（见下图）

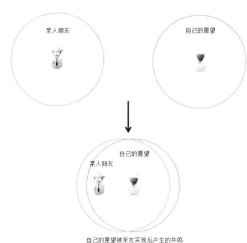

自己的愿望被亲友实现后产生的共鸣

（2）共鸣过程说明

角色：厨师、亲友。

说明：厨师不能实现的愿望就会特别希望自己的孩子能够实现，当有一天孩子真的实现后，作为父亲，就会感同身受，如同自己成功一般，从而产生共鸣。将自己的愿望寄托到亲友身上，当亲友实现后，自己也一样会产生成功的喜悦。

### 谈产品故事化与故事产品化

**产品故事化**，即将产品融入故事中，以故事的形式将产品推广出去，这种方法是营销思维。

**故事产品化**，即将故事设计成产品，让产品本身就是一个故事，更容易让用户产生共鸣，这种方法是产品思维。

很多电商都将产品故事化，例如三只松鼠（见下图），当笔者第一次看到这个店铺时就喜欢上它了。三只活泼的松鼠形象，讲述松鼠与坚果之间的故事，松鼠与坚果本身关系就比较密切，再把松鼠人格化处理，就更容易让人接受。这就是产品故事化。这是一种营销思维，即让每一款坚果与松鼠之间建立故事关系，让松鼠讲述坚果故事，最终实现产品的有效传播。

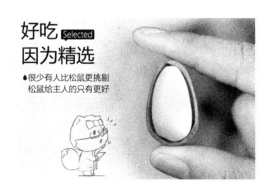

### 如何才能让用户产生共鸣

从上面的介绍可以看出，通过情感、思想的表达才会让人与人之间产生共鸣，或者是有相似的经历，或者是用户身边的人和事，或者是将用户带入一个情境，不论采用何种方式都要与用户建立某种关联。主角必须是用户，要让产品与用户之间产生共鸣，就要让产品的故事、情境、思想、场景、人物与用户产生关系，再把这些人和事引进产品中，从而形成共鸣感。由于每个人的生活环境都不同，情感、情绪也不同，所以不要想着做一款产品让所有人产生共鸣，就像歌曲一样，军旅歌曲更会让军人产生共鸣，情歌更容易让青年男女产生共鸣，抗战歌曲更容易让老兵们产生共鸣……产品要定位好用户群，共鸣也要沿着产品的用户群体进行设计，要抓住用户群体的共性与特性、性格与情感。

**人与产品之间通过信息交互形成共鸣关系**

在将故事产品化时最重要的是找出用户的共鸣点并唤醒用户的共鸣，为产品设计共鸣点的步骤为：

（1）找出共鸣点

（2）唤醒用户共鸣

（3）产生共鸣

产品共鸣设计流程如下图所示。

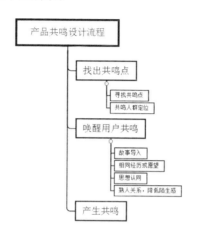

## 以旅游产品为例谈如何设计产品的共鸣性

### 1. 找出共鸣点

第一步，寻找共鸣点。每个人都有旅游的愿望，住在大城市的人想到乡村看一看，住在草原的人想去海边看一看……如今人们的生活好了，很多人都有旅游的想法，从每年国庆节各旅游景点的火爆程度就可以看出人们多么迫切地想出去走一走。

第二步，共鸣人群定位。旅游需要的两种资源就是"钱"和"时间"，所以旅游产品的用户群可分为四类：① 有钱有时间的用户；② 有钱没时间的用户；③ 没钱有时间的用户；④ 没钱没时间的用户。

"有钱有时间"的用户：他们需要的是高端旅游服务，注重品质，此类人群数量小，产生共鸣难度大，故放弃此类人群。

"有钱没时间"的用户：他们需要的是"短、平、快"的旅行，时间对他们来说最宝贵的，旅游愿望虽然有，但很难付之行动，此类人群虽然容易找到共鸣点，但此人群数量少，旅游行动力不强，故放弃此类人群。

"没钱有时间"的用户：此类人群有旅游的愿望，只是受制于经济条件，此类人群多为普通老百姓，人群基数大，有用户基础。我们的产品如果能为他们提供一定的优惠服务和穷游方法（便宜旅游的方法），那么他们会更感兴趣。这类人群是最容易被打动，也最容易产生共鸣。只要一个人，一个包，有勇气，不需要很多的钱，就可以来一次"说走就走的旅行"。所以产品用户定位为**此类人群**。

**"没钱没时间"的用户**：此类人群既穷又没时间，故也放弃这类人群，共鸣感虽然可以找到，但平台无法从这类人群上获取收益，这里指的收益为经济收益和流量收益。

> **总结**
>
> 　　最容易产生共鸣的用户群体是"没钱有时间"的用户，此类用户人群基数大，愿望强烈，易产生共鸣感。

### 2．唤醒用户共鸣

唤醒用户共鸣可以从五个角度进行：故事导入、相同经历或愿望、思想认同、熟人关系。

**第一招，故事导入**。每个人都有旅游的想法，只是强烈程度不同。产品可以引入旅游达人分享旅游故事的形式，用故事引领旅游风潮，再在产品中加入文化、美食、美景、风土民情等频道，通过达人故事先把用户引到产品的情境中。达人就相当于微博中的"大V"，让旅游成为话题，把有共同爱好的群体黏在平台上。

**产品功能**：旅游达人专栏+风土人情+美食美景（见下图）

**第二招，相同经历或愿望**。可以让平台中的"驴友"们现身说法，让"老司机"讲讲他们的经历。平台要做的事情就是研究用户的访问轨迹，通过大数据分析用户的旅游目的和愿望，为用户推送相似人群的相似经历，触发用户产生共鸣。

**产品功能**：用户行为轨迹获取+用户行为大数据分析+游客游记+游记情感评级+高质量相似性行为的推荐（见下图）

第三招，思想认同。对于没钱有时间的用户，让他们产生共鸣最重要的一点就是如何不用花太多的钱也能旅游。可以让用户分享哪里的景点门票便宜，在哪里能租到车，哪里有物美价廉的美食。用理性分析打动用户，让穷游式的旅行变得可行。

产品功能：省钱攻略＋前人案例指导＋省钱方案理性分析＋旅行费用计算工具（见下图）

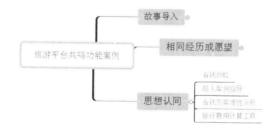

第四招，熟人关系，降低人与人间的陌生感。哈佛大学的一位教授提出了人与人连接关系的"六度分隔理论"，意思是："你和任何一个陌生人所间隔的人不会超过六个，也就是说，最多通过六个人你就能够认识世界上任何一个陌生人。"脉脉软件就是根据"六度分隔理论"进行设计的，其通过熟人关系建立人与人之间的信任关系。成为熟人后就有了共鸣的基础，熟人之间更容易产生共鸣。熟人关系可以打破两个限制，一是信任感，别人说的你不一定信，朋友说的你基本会信。二是距离感，别人的故事总感觉很遥远，身边朋友的故事会让你有一种现场感。例如多年的朋友得病去世了，你会突然感觉死亡原来离自己这么近。旅游也是一样的，引入"六度分隔理论"，用户相互之间可以加好友，可以看到谁与谁是好友，谁与谁认识，这样可以减少人与人之间的陌生感。好友的旅游体会、旅游经历才会更能触动用户，引起用户的共鸣。

产品功能：用户之间可以加好友+能看到朋友与朋友之间的关系+好友之间互相推荐+用"六度分隔理论"搭建熟人关系网+降低人与人之间的陌生感（见下图）

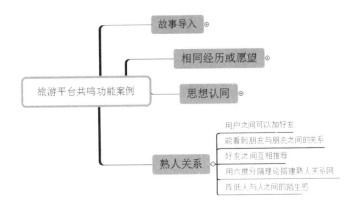

### 3. 产生共鸣

通过上面四步，不断将用户引入产品的场景中，先为用户设置一个场景的局，再根据用户的行为分析、大数据分析，智能推荐类似用户的旅游经历，唤起用户的共鸣感。为了降低用户之间的陌生感，再引入"六度分隔理论"，将人与人之间的关系简单化，让毫无关系的用户之间建立起关系。让熟人讲故事要比陌生人讲故事更能打动人，更能产生共鸣。共鸣感不是一个功能或一个场景就能做到的，共鸣是产品最高级的应用，需要复合的功能、复合的场景、复合的人群才能搭建起一个可以产生共鸣的平台。

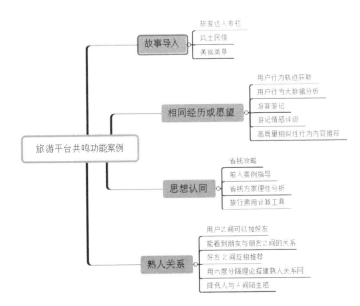

## 总结

共鸣是一种人与人之间心灵的交流，看不见也摸不着。共鸣需要用心去体会。分析一款产品的共鸣点也要先从产品及目标用户群体出发，对用户的习惯、行为、年纪、爱好、文化、思想、性格都要有所了解。越是了解用户就越容易接近用户，才越容易寻找到共鸣点、唤醒用户的共鸣意识并产生共鸣。最好的产品是什么？最好的产品是能生产情感、制造共鸣。产品要做的是搭台子，让有情感的内容来唱戏，戏词可以讲情感，可以讲故事，可以讲人生，可以讲阅历，可以讲道理，可以讲文化，可以讲一切你想讲的……要让高质量的内容成为当今时代的共鸣点，给产品加点料！

# 第6阶段

# 产品思维案例分析

## 案例 1　以百度钱包为例谈产品背后的逻辑思维

如果要做钱包类产品，那么应该怎样设计此类产品呢？下面就以百度钱包为例，来谈一谈如何分析竞品背后的思想。

**百度钱包产品分析**

百度钱包的产品界面如下图所示。

百度钱包的产品定位是什么呢？要做竞品分析，首先要弄清楚竞品的定位。当然，对方是不会直接告诉你的，你需要透过产品现象看本质，从产品的外观、功能、布局上分析竞品背后的逻辑和思想。

了解一款产品应该先从公司背景入手，这不难获取。下面是关于百度的介绍。

百度，全球最大的中文搜索引擎，致力于让网民更便捷地获取信息，找到所求。百度超过千亿的中文网页数据库，可以瞬间找到相关的搜索结果。其旗下的产品有百度搜索、团购、百科、贴吧、游戏、软件工具、百度房产、外卖、电影、优步、钱包等。

如果百度要做钱包类产品，应该是什么样的呢？从第一印象出发，百度钱包应该是一款与钱相关的理财产品。百度是定语，只是为了说明公司出处，**钱包才是重点**。百度钱包的广告语是"做一个能返现金的钱包"。从"返现金"这个词上来看，百度钱包的重点应该是花钱的钱包，而不是理财的钱包，只有消费了才会返现金。再来看看它的产品设计，以印证我们的思路。从百度钱包首页自上向下来看，其最上面的功能如下图所示。

从产品设计的角度来说，用户浏览页面是扫描形式的，即从上到下、从左到右地扫描。所以，一般在设计产品时，**都遵循页面上方的元素比下方的元素重要，左面的元素比右面的元素重要**的原则。

"扫一扫"功能的应用场景一般是付款时使用，例如商家提供一个二维码，用户可以使用此功能直接扫描支付；"二维码"功能一般是商家收款时使用，自己提供收款的二维码，别人扫描后支付；"卡券包"功能是一些商家活动的优惠券。这三个功能放在最上，说明百度钱包的重点应该是为了花钱和收钱，并与商家联通以促进用户消费。

**初步分析：百度钱包的目的应该是方便消费者消费。**

下面继续分析百度钱包的首页功能，如下图所示。百度钱包里提供了4个应用入口：外卖、团购、电影和出行。这4个功能都属于消费性服务，再次印证百度希望通过百度钱包以促进用户消费的目的，让用户可以方便地购物、出行。为什么这里没有百度搜索、文库等功能呢？因为搜索等功能属于基础服务，用户是不会花钱购买的。

分析：这些功能再次印证，百度钱包的目的是促进用户消费，将消费性服务引到其他频道。

再往下看，如下图所示。

"新用户专享"功能是一个拉新用户功能，让更多的新用户加进来，通过一些小利诱惑新用户使用。"理财"和"教育贷款"功能是从理财和贷款两方面出发的，理财是资产增值；教育贷款是教育投资。

分析：百度钱包希望通过一些活动引进新用户，并让用户把钱留下来。

接着往下看，如下图所示。

这一块是百度钱包的基础性服务，"话费充值"和"流量充值"属于生活服务；"转账"和"信用卡还款"属于银行服务；"一分钱专享"属于活动；"办信用卡""百度上门"属于百度服务；"消费众筹"属于众筹投资。

分析：百度钱包通过这些基础功能以扩大服务品类，为用户提供更多样化服务。

接下来的功能如下图所示。

"海外购"功能用于提供海外购物、商城服务。

**分析：购物功能还是为了促进用户消费。**

百度钱包的菜单分"首页""理财""我"三个部分（见下图），"首页"为各栏目入口，"理财"为钱包提供各种理财服务，"我"为用户的个人信息、资金情况及消费信息。从这部分可以看出，百度钱包还是非常重视理财频道的，所以将它单独拿出来与首页并列展示。

**分析：产品既重视消费，又兼顾理财属性。**

**总体分析：**百度钱包的产品定位应该是以消费为核心目的，平台希望通过钱包实现购物、用车、订餐、团购、购票等生活服务，也希望通过钱包实现理财、众筹、贷款的投资类服务，用投资属性吸引资金。百度希望通过它促进自有平台的消费，为平台提供资金支持。

**百度钱包存在的问题：**

（1）消费和理财两手都想抓，两手都想硬，重点不突出。

（2）在首页上功能分类不明确，用户的手机的显示空间有限，不适合展示太多功能。

（3）产品的消费目的明确，但入口都在"首页"里，标题与内容切合度不强。

**修改意见：**

（1）如果想让用户使用百度钱包进行消费，则必须先让用户愿意把钱放到钱包里，以后才可能会消费。产品应该把重点放在吸引用户资金，让用户体验性消费。如果想促进用户消费，其中的理财产品应该引导用户进行活期投资或短期理财，长期定期理财的资金是没法促成消费的。

（2）要将功能分类组合，将相似的功能分组合并，减少首页入口数，突出显示产品主要功能，其他功能放到相应栏目中。

（3）减少首页功能，突出重点。产品的首页要吸引用户，应该将最重要的信息展示给用户。建议首页中不要放太多功能，功能过多会导致重点不突出。为了弱化首页内容，突出重点，可以在首页增加一个"生活"栏目，将与生活相关的功能放到新栏目中，也便于用户查找功能。

（4）百度钱包的首页有"二维码""扫一扫""理财列表""新用户专享"功能。因为产品的重点在理财上，所以要尽量吸引用户把钱放到"钱包"中。只要用户愿意把钱放到"钱包"中，就可能需要消费服务。

（5）"用户—钱""用户—钱—消费"，每多一个环节，就会有一定的用户损失，只有处理好用户与钱的关系，让用户习惯使用"钱包"，将来才可能有更多的用户使用钱包进行消费。当用户在钱包中看到一款团购产品并且有购买意愿时，如果此时让用户把钱充到钱包里，充钱时还要绑定银行卡和身份证信息，之后才能购买，那么很多用户在中途就可能放弃了，因为这个过程太长了。所以，要先引导用户把钱放进来，不要步子迈得太大了。

## 百度钱包的改进设计

百度钱包的功能已经分析完了，作为产品经理，应该如何做钱包类产品呢？

先要进行需求分析。

**需求分析属于业务性分析，从一条条业务线开始，通过梳理问题将产品清晰化、具体化**。需求分析的过程是需求分解的过程，要从业务视角细分需求。需求分析多采用建模的方式，用不同的模型来细化需求。模型实际就是用图形的方式来代替文字，让思想更清楚，梳理更方便，理解更深刻，同时也便于分析、交流。通过模型将抽象的问题具体化，可以让我们更好地梳理思路。

应该如何做钱包类产品呢？下面从平台角度和用户角度来分析。

从平台角度看，百度希望通过百度钱包为其他兄弟平台提供资金服务，让用户进行消费。从用户角度看，百度希望通过钱包首先实现资金的增值服务，次之方便用户消费方。实际上，像百度外卖、Uber 都有自己的支付方式，百度钱包只是百度自有的一种支付方式，用户不会为了适应百度而特意去百度钱包充值。百度钱包想要吸引用户主动下载产品并愿意使用，一定得有其独特的魅力才行。对钱包类产品来说，具备什么功能才能真正吸引用户呢？钱包类产品最直接的价值应该是资产增值，自从余额宝开启了互联网金融时代后，人们开始关注互联网金融。钱包类产品应该包括两个属性——金融属性和消费属性。只有钱包类产品的金融属性增强了，它的消费属性才会增强。试想，钱包里没有钱用户如何进行消费，一定要让用户愿意把钱放进来。只有通过资产增值，用户才可能把钱放进来，只要用户把钱放进来了，还怕用户不消费吗？余下的只是时间问题。

> **总结**
>
> 金融增值属性是钱包类产品的核心，要先让用户愿意把钱放进来。

再来整理一下整个百度钱包有哪些功能，具体如下图所示。

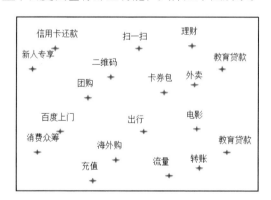

从上图可以看出，百度钱包要干的事情还真不少。前面分析了，钱包类产品要想发展起来，就要先满足用户资产增值的需求，之后再满足用户消费的需求，先让用户愿意把钱放到钱包里。为了让用户愿意把钱放进来，下面对产品功能的优先级重新进行排序，如下图所示。

首页：主要功能入口，重点突出理财及新用户专享功能。

理财：展示各种类型理财产品，并建立好分组。

生活：外卖、团购、购票、用车、充值、购物等都属于生活类频道，将它们统一合并成一个栏目，并从首页中抽出来，使首页更简单。当首页中淡化了生活类功能时可以更好地突出理财功能。

产品应该让用户能 "用后即走"。"用后即走"就是要将产品功能规划清晰，可以让用户直奔主题找到自己想要的功能，节省用户的时间，而不是让用户迷路，到处翻找。

经过整理后的栏目功能分类如下图所示。

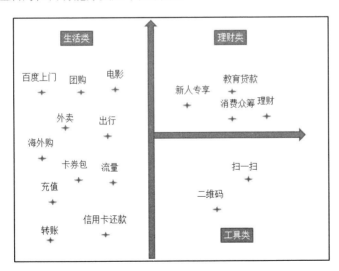

这里将工具类和主要理财产品放到"首页"栏目中，将理财类产品放到"理财"栏目中，将生活类功能放到"生活"栏目中，各栏目入口分类清晰，便于用户查找。

理财类功能可细分成如下图所示的样子。

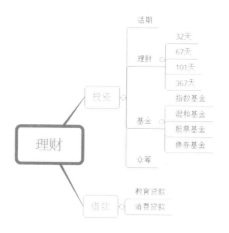

另外，虽然产品要着重突出理财，但要时刻提醒自己，产品的目的是促进用户消费。只有用户把钱都放在活期理财产品或时间较短的定期理财产品中，才会更好地促进用户消费。所以产品中天数多的定期理财产品与天数少的定期理财产品之间的利率差别要减小，用户才会更有意愿购买天数少的理财产品，这就是为什么百度钱包中不同时长的产品收益率差别这么小（见下图）。

| 定期理财 | 资金有机动，随时 |
| --- | --- |
| **4.000%** | 光大太平百福盈32天 |
| 预期年化收益率 | 灵活投资 安心之选 |
| **4.100%** | 光大太平百福盈67天 |
| 预期年化收益率 | 短期理财 新 赚益法 |
| **4.200%** | 光大太平百福盈101天 |
| 预期年化收益率 | 稳富市金，稳规财富 |

## 总结

产品的需求分析主要指业务性需求分析，我们在分析竞品时一定要透过现象看本质，从产品的布局、功能、设计上认真思考竞品的定位、目的。最好的产品设计是"用完即走，下次再来"，让用户轻松找到自己想要的功能，提供简单、简捷的设计。钱包类产品的设计重点应该是尽量让用户把钱放进来并留住，只有留住了资金才有可能促进用户消费。

## 案例 2　从"BAT"的角度谈互联网金融产品

前面笔者写的文章《以百度钱包为例谈产品背后的逻辑思维》得到了百度的关注，并邀请笔者到百度进行了一次面对面的沟通。下面站在"BAT"的角度来分析一个行业及一款产品。本文以问答的形式来尽量描述当时的场景，将读者带入到场景中。

地点：百度大厦某会议室

人物：朱总、王总、笔者

时间：下午

目的：分析互联网金融行业

谈论内容如下：

王总先给笔者介绍了百度金融的现状："百度从 2013 年开始做互联网金融，百度金融（金融服务事业群组）整合了原有的金融业务，并将金融上升到百度战略级位置。金融服务事业群组成立于 2015 年 12 月 14 日，业务架构主要包括消费金融、钱包支付、互联网证券、互联网银行、互联网保险等多个板块，基本覆盖金融服务的各个领域。"

介绍完现状后，王总切入主题。

王总："老吴，我们看了您写的关于百度钱包的文章，也很想跟您认识一下，为什么您会这么关注我们的钱包产品呢？"

笔者："我最近一年多都在做互联网金融方面的产品，所以对金融类产品的关注会多一点。"

王总："百度在金融这块有两款 APP 产品在同时运营，一款就是您知道的百度钱包，另一款是百度金融，两款产品目前都在做，运营两款产品非常费精力，以后可能想把两款产品合并起来，您怎么看？"

　　笔者："一条产品线同时运营多款产品一定会花费更大的精力，目前互联网金融行业群雄逐鹿——龙头老大阿里巴巴的蚂蚁金服，老二腾讯旗下的财富通、京东的京东金融、苹果的 Apple Pay、东方财富等，这些都是可以与百度在互联网金融行业里一决高下的企业。百度进入互联网金融行业较短，这本身与百度在行业内的地位不相符。回到正题，一个企业在一个行业同时运营两款 APP 产品，如果想成功，则需要花费更大的精力。我认为，要想在这个行业里能快速追上阿里巴巴和腾讯，首先要做的是收起十指合力出拳，集中优势兵力重拳出击。像腾讯、苹果、东方财富都是专心打造一个出口，腾讯利用微信的强大用户群为金融产品引流，苹果利用众多忠诚的粉丝实现引流，东方财富做专基金一个行业。但阿里巴巴却是同时运营着两款 APP 产品，一个是支付宝，另一个是蚂蚁聚宝。阿里巴巴是想将用户的零钱与整钱分开，零钱放在支付宝里消费，整钱放在蚂蚁聚宝里理财。为了促进消费，阿里巴巴向支付宝引入了更多场景，如天猫、外卖、旅游等，还将传统线下服务也搬到了线上，如交水费、电费、燃气费，手机充值，车票预订，加油服务等生活服务。而且，当我们在某一家超市或饭店消费时，也可以用支付宝买单。随着支付场景的多元化，支付宝将有可能第一个实现钱包的电子化（见下图）。"

支付宝生活频道　　　　　　　　　支付宝口碑频道

　　笔者喝了一口水接着说道："对于蚂蚁聚宝，里面有活期产品、定期产品、基金产品、股票服务，满足了不同人群的不同需求，从保守型用户到激进型用户都有涉猎。阿里巴巴是最先进入互联网金融行业的企业，有着丰富的场景服务，零钱、整钱通吃，像阿里巴巴这样的先行者同时运营两个 APP，将消费用户和理财用户分开是没问题的。一是因为阿里巴巴的金融体系已经被用户认可，先入为主；二是因为阿里巴巴的相关金融配套服务已经具备生活场景、金融品类；三是因为阿里巴巴的金融战略，蚂蚁金服这个平台下面有支付宝、余额宝、蚂蚁小贷等产品，是利用多产品、多场景、多服务共同架设起阿里巴巴的金融帝国，也有利于资本市场的运作，吸引更多企业投资。目前蚂蚁金服的股东有新华人寿保险股份有限公司、全国社会保障基金理事会、中国太平洋人寿保险股份有限公司、中国人寿保险公司等，这些企业不仅共同分享阿里金融的成长，还会为阿里金融注入更多的应用场景。阿里金融已经是一艘巨轮，正驶向深海。而对于成立时间较短、入行不深的百度金融，我认为如果想要快速突破，那么只有形成合力才行。京东也有着同样的问题，京东钱包和京东金融两款 APP 产品（见下图）的目的应该也是想实现消费用户与理财用户的分离，但京东的这两款产品差异化不够明显，不像支付宝与蚂蚁聚宝目的明确、分类清晰。如果真的想把消费与理财分开，做成两款 APP，就要加大它们之间的差异化，钱包类产品就是要增强它的消费属性，加大它的消费场景；理财 APP 就是要突出理财，弱化场景。但如果想挤进阿里巴巴、腾讯的第一梯队，做专做好一款产品可能会更有机会。"

接着，我们聊到了百度贷款，百度可以为用户提供贷款服务，例如助学贷款。对于贷款服务最重要的就是风控，即用户的还款能力和信誉度。

笔者："百度贷款应该与京东白条性质差不多，而支付宝也能提供购物贷款，它们有用户消费大数据可以作为评估用户的还款能力的依据，百度是如何来判断用户有还款能力的呢？"

王总："百度也是通过大数据进行分析的，只不过不是用户消费这种直观的数据。例如我们可以通过用户的行动轨迹进行分析，例如张三每天出行路线都是从 A 点到 B 点，天天路线都不变，这说明张三是一个正常的上班族，应该有着稳定的生活来源。如果李四的家与单位非常远，每天从回龙观出发到房山上班，一天来回 4 个小时，那么这种情况说明李四的离职可能性会很大。当然百度还可以通外卖、团购等其他平台数据共同分析用户行为，通过行为分析得出用户的还款能力。当然，还要结合银行中的存款、取款、贷款等大数据共同搭建一个较完美的风控模型，通过风控模型来分析用户的还款能力。"

正聊着，朱总过来了，我起身与朱总握手，交换名片后各自落座。

朱总："久仰啊，之前看了您的文章，很切合我们现在的想法，想向您学习一下。"

笔者："客气了，我是久仰朱总大名，我才是来学习的。"

互相客气后切入正题。

朱总："您是怎么看百度钱包的？"

笔者："百度钱包的口号是'一个能返现的钱包'，从这一点来说它提倡的是消费理念。从用户角度考虑，用户用钱包类产品的出发点是什么？用户的手机上会下很多应用，有百度外卖、糯米、百度钱包等，当用户头脑中第一时间想要做什么时就会打开什么产品，例如用户想叫外卖，就会打开百度外卖，想要团购，就会打开糯米。当打开百度钱包时，用户脑袋里第一时间想的不应该是叫外卖，更多的应该是跟钱有关的动作。所以，我想如果要打造百度钱包，应该先让用户把钱放进来，放进来后再考虑消费的问题。"

朱总："我们现在是用场景来向钱包引流，例如在百度外卖、糯米等产品上的支付，在糯米上有 60%以上的用户都在用百度钱包，但这些都是我们自己的场景，我们说了算，就算有用户还没用百度钱包，我们也可以花点钱将用户引流进来。"

　　笔者："是的，自己的场景怎么用都可以。钱包向各场景引流，其他场景向钱包引流，这应该是一个网状结构，互相促进。像百度外卖为百度钱包引流，在外卖的付款项里有百度钱包的选项，并提示用户用百度钱包可以省两元，但百度外卖不可能像支付宝一样，强制用户必须用支付宝付款，百度钱包只是用户的一个选项，更多的用户愿意用支付宝和微信支付。因为用户会在支付宝里存钱，而微信直接关联了银行卡，可以从卡里直接扣钱，而现阶段会有大量用户在百度钱包里存钱吗？如果百度把其他支付方式全去掉，只留百度钱包，那么百度钱包的用户量一定多，但百度不敢这样做。阿里巴巴是先有了场景，后有的支付，场景带动支付，就是淘宝模式；腾讯最开始也一直在做支付，多少年过去了一直没有做起来，直到微信的成功，通过红包引爆了用户，完成了银行卡与理财通之间的绑定，之后再与第三方合作以完善支付场景。"

　　笔者："听说你给京东钱包也写过一篇文章？说了什么？"

　　老吴："是的，我每篇文章都有一个主题，关于京东钱包的那篇文章主要是想告诉读者，如何给产品分优先级。"

　　朱总："哦，说说。"

　　笔者："产品的优先级是通过两个方面综合得出的，一方面是用户偏好，另一方面是商业价值。用户偏好与商业价值共同组成了一个坐标和四个象限（见下图）。"

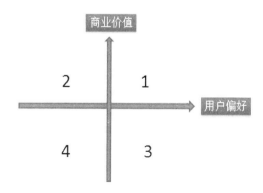

　　笔者："将产品功能都梳理出来并放到相应的象限里，对于用户偏好和商业价值都高的功能是一定要做的，对于用户偏好高而商业价值低和商业价值高而用户偏好低的功能是选择性要做的，对于用户偏好和商业价值都低的功能就是要砍掉的。"

朱总："用户偏好高而商业价值低的功能和商业价值高而用户偏好低的功能如何排列优先级呢？"

笔者："这得根据实际情况了。例如对一些自媒体人来说，他们经常会在文章的末尾加上一个广告，以达到创收的目的，因为自媒体人也需要吃饭，挣点小钱，这就是用户偏好低而商业价值高。但对百度这样的企业来说，就会把目光放得更长远一些，他们会更关注用户偏好。对中小企业当来说，当他们还得考虑生存问题的时候，对商业价值可能会看得更重一些。对已经解决了生存问题，而把目光放长远的大企业来说，发展才更要。"

朱总："你目前在做什么产品？"

笔者："我目前在做一款 P2P 产品，今天有一个融资标的上线，1200 万元，分成 4 个标的，半天就被抢光了。"

朱总："为什么会这么快？"

笔者："用户购买 P2P 产品主要还是看重公司的信誉，我们的产品是国企背景。目前 P2P 公司跑路的特别多，如果投资本金都损失了，那么理财就没有意义了，对用户来说，安全性要比收益性更重要。所以我建议百度的口号也应该改一下，应该改成'百度钱包是一款更安全的钱包'。"

朱总："你知道我们为什么不说安全吗？实际上我们的产品都是从银行直接拿过来的，相对来说是非常安全的，但我们不敢说安全，因为政府不允许。"

笔者："我们可以用蒙太奇的手法来间接地向用户传递'安全'信息。蒙太奇就是用物境（用户看到的内容）通过一些艺术手段，向用户传递百度钱包的安全理念。也可以不说百度钱包是安全的钱包，而说是放心的钱包，间接地向用户传递安全信息。蒙太奇的设计方案可以是这样的：钱包刚打开时第一张图上显示一幅打开的保险箱图片，保险箱里有一堆金蛋和一只正在下金蛋的金鸡。保险箱表示安全，下金蛋的金鸡表示理财。用户退出百度钱包和再登录时都会看到这张图，经过不断地给用户洗脑让用户在潜意识里把百度钱包与安全画上等号。"

## 总结

　　永远不会有一家企业为了证明两名产品经理谁的想法正确而让他们分别设计产品并推向市场，所以也就没有一个论证思想正确与否的裁判。对于一个思想的好坏，我们应该静下来细细思考，将自己的角色切换成用户模式，以用户的视角来想问题。王阳明说："知行合一，心外无物，格物致知"，我们只有不断"格"自己的内心，才能找出问题的真谛，"格"在这里的意思是研究。要分析好一款产品，不仅仅要研究产品本身，还要研究当前行业、社会环境、竞争对手、用户行为和产业背景，这样才能做出一款真正的有市场价值的产品。另外，决定一款产品的成败因素有很多，优秀的产品经理只是条件之一，它还要有很多的必要条件，如企业背景、运营能力、团队协作、投入资源、公司重视程度等，产品失败了，要找原因，产品成功了，也要找原因，到底产品为什么成功或失败。只有我们不断寻找，才能有所提升。

## 案例 3　以房产项目为例，谈项目失败的根源

　　长年混迹在软件产品一线的"老鸟"们，哪一个没有品尝过失败的痛苦。当日日夜夜的加班及辛苦的劳动换来的只是失败的结果时，不知道你有何感想。每当笔者完成一个项目时，都有种虚脱的放松感。虚脱是累的，放松是一种解脱，不论项目成败，心里的感觉就是一个——终于解脱了。

　　笔者在软件行业这些年里，生活就如同上了发条，不允许有一丝松懈，就是希望自己负责的项目能够成功，得到公司和客户的认可。但现实呢？相信所有人都一样，都会遇到这样或那样的问题。

　　下面要介绍的是软件项目失败的根源到底在哪里？

　　成功的经验都是类似的，但失败却各有各的原因。

　　当我们接到一个项目后，在初期调研需求时，感觉客户确实要的不多，功能也不太复杂。但随着项目的深入，你会发现客户的需求会不断地蹦出来，而且客户谈的需求也很合理，应该有，不加上这些功能确实不完整。但是，这一切已经远超你最初所能控制的了。当初只是成本为 10 万元的一个网站，最后变成你根本控制不住成本，成了赔本连吃喝都没赚到，客户还不满意，说你连这么简单的产品都做不出来！产品经理苦啊……

　　前两年笔者受公司委托，以产品经理的身份参与了某房产信息平台的建设，从项目谈判、需求调研、设计、开发、上线，整个过程都全程参与。在谈这个平台规划时，感觉这确实是一个有前景的房产信息平台：平台的目标是为了能够打通买方、卖方、经纪人、中介公司、建委等多方的信息瓶颈，让信息通过平台变得透明，让交易变得公平而公正，买方能够通过平台直接联系卖方，实现自行交易。如果能够真正实现自行交易，将会打破整个房产市场结构。

　　如果要在网络上实现交易，那么买卖双方因为信息不对称而存在不信任的问题该如何解决呢？对于买方，可以向平台提供个人相关资料信息，平台利用买方提供的资料信息进行购房资格和身份的核验，保证买方为有资格的有效购房人；对于卖方，平台与当地建设委员会（简称建委）实现合作，校验卖方的房产信息真实性，保证卖房人与房源的真实性。解决了这两个瓶颈，就有了自行成交的前提。当时与客户沟通过多次，客户对我们公司的资格和能力也比较认可。当时通过初步的沟通我们对需求有一个大致的了解，当然细节都还要不断地沟通、确认，我们也出过几版效果图。但商务合作已经到了报价阶段，不会等客户的需求全谈明白了再进行，然后重点就转向估算需要多少钱、多长时间、多少人力，然后整理列出的大模块：自行成交、经纪人成交、用户管理、建委等外部接口、权限管理、交易管理、平台后台管理、网站前端。再经过几轮的砍价，就达成意向并签约了。

当项目正式启动后，再与客户谈需求时笔者有一种莫名的无力感，虽然大方向双方都是认可的，但客户方每个领导的想法及实现细节都不太相同，对这款产品将来的意识形态描述都有区别。有的领导提出要有大宗资产，房产交易过程中提供的服务是不太挣钱的，从带来的效益看，大宗资产的交易才应该是平台的核心。有的领导提出房产数据才是重点，在房产平台刚上线时，买卖双方、房产资源数据都是空白的，没有房产资源如何做交易并带动平台良性发展？有的领导提出，真实性交易是核心，如果想打造良性发展的平台并被大众所认可，真实房源、真实交易是重点，保证真实性就要与建委等政府平台对接，打通平台与建委之间的信息鸿沟，以保证房源及购房人购房资格的真实性，这样才能取信于民，平台才能真正占领市场并打破当前的由房产经纪人垄断的行情。有的领导提出，与经纪公司合作，利用房产经纪公司的经纪人资源，让平台的用户交易可落地，有了房产经纪人也能盘活平台，以引入更多的房源。还有领导说，现在 PC 端的网站平台已经落后了，要做手机端，需要手机端与 PC 端相结合，打造移动互联平台……

由此可以看出，此项目情况很复杂，问题很严重。下面笔者梳理一下有可能导致项目失败的几个致命伤。

问题一：需求不明确。

客户方的领导各执一词，思想不统一。在思想不统一的前提下，产品开发方做什么都是错误的，做得越多，错的越多。产品经理必须想好应该跟谁谈，如果这个问题不解决最后死的就是产品开发方。有的产品经理为了让客户满意，尽量去满足客户的要求，完成客户的需求。导致的结果就是，开发人员累得要死，项目需求控制不住，需求之间矛盾冲突。而且由于成本上升导致产品开发公司赔钱，公司领导不满意，产品经理在两边都不讨好。

### 问题二：需求蔓延。

大家说的都有道理，但有的需求与最开始谈的已经不太一致了，例如在最开始谈的合同内容里并没有大宗资产交易，也没有手机端功能。那怎么办？相信产品经理都遇到过这种情况，感觉这就是一个"坑"啊！

### 问题三：没有指定接口人。

谁都跟产品开发方提需求，而客户方内部都没有达成统一，那么产品经理到底应该听谁的？产品经理得指定一名客户方对接人，从他那里出来的需求才能被认为是真正的需求，不要谁都提需求。谁都提需求，就等于没有需求，最后出问题时谁都可以不负责，那时产品经理可惨了，连个替自己说话的人都找不到。

### 问题四：用户期望不实际。

客户在要房源没房源、要用户没用户、要数据没数据的前期产品开发过程中，就把平台想得过于完美。互联网市场一直强调的是小步快跑，快速迭代。这种互联网＋房产交易的平台，还需要线上与线下结合，用线下业务来推动线上业务，用线上业务再来推动线下业务。在产品刚开始起步时，资源还都没有，一下子做一个大而全的产品，并不合适。想通过一款软件就一统江湖是不可能的。

继续介绍上面这个案例。

为了解决以上问题，笔者也是很头痛：既要让客户满意，又要得到公司的支持。但是"老好人"在复杂的项目环境下是没法生存的。大家好才是真的好——是不可能实现的。首先，先得跟自己公司的领导沟通好，让公司领导知道目前项目的情况，争取得到领导的支持和帮助。其次，要与客户针对项目情况达成一致意见，得有一个指定的需求对接人，避免需求入口过多，要让需求回归理性，不能让需求偏差太大，用合同来约束需求。同时也要让用户知道，太发散的需求最后会导致需求无法控制，无法落地，无法执行的尴尬境地。项目是双方的，要让对方知道，我们是一条船上的，我们是真心地与客户沟通，认真地帮助他们分析，不要出现对抗，真诚地付出才会得到对方的尊重。

经过努力，我们与客户达成共识：客户方有一位负责人专门负责此平台的建设，我们只需要与这一位领导对接就可以了。另外，经过公司领导的帮助，我们把需求拉回了合理的范围。看似简单的问题，实际是需要多方共同努力的，一方面客户态度非常积极，而且对方的负责人是一个比较勇于担当的人，针对此项目专门成立了一个业务组。另一方面，笔者的公司与自己的团队也都愿意付出，领导也多次出面与笔者一同承担责任，共同与客户探讨、沟通。经过了一番努力，项目看似开始走向正轨了。

去除了项目的干扰并且大方向确定后，我们就开始一起讨论需求的细节。细节如何确定呢？客户方公司不是一个软件公司，是一个业务型公司，对房产业务非常精通，但对于平台要如何做，做成什么样并不清楚。在需求细节不明确的时候，笔者的团队打算先出产品原型，用原型来获取对方需求，接下来就是一起坐下来讨论需求，讨论原型的阶段。经过一番的努力，产品原型最后确定下来了，需求也就确定下来了。然后就开工了。因为前期讨论需求所花的时间比较多，项目工期开始变得紧张了，笔者只好从外面再请一支外包团队进来，开始封闭开发。因为时间紧，我们采取两手准备，一方面开发人员开始搭建环境，了解业务并进行设计。另一支 UI 队伍开始出效果图，出完效果图再与客户沟通。确定了展示效果并对数据库、功能进行设计，完成后，团队开始开发，之后就是从早晨一直干到晚上 11 点的辛苦日子。因为当时已经是年末了，临近春节，技术人员、设计人员全部回家过年了。笔者与外包公司的项目经理一同到客户公司进行汇报演示，演示结果还算可以，但客户也提出了许多意见。当时提的意见还是有些空泛，因为提出的多数意见都是方向性问题，实际上这时候再提方向性问题确实有些不合适了，生米都快煮成熟饭了，而且我们又面临着以下问题。

问题五：需求细节没想透彻。

因当时产品要求上线时间比较紧（中国的软件开发项目要求都是"短、平、快"），不允许有大量的时间去整理、分析需求。团队为了赶工期，许多细节还没有想得太透彻，尤其是后台的管理部分，与客户主要是沟通业务前台部分，即买方、卖方、经纪人之间的交易，如何实现房源的验证等方面，在后台存在许多设计不合理的地方。

问题六：多团队作战，思想难统一。

客户方、开发方、外包公司三方联合作业，每一方都需要沟通好，每一方都有自己的想法及打算。这回出问题的是外包公司，我们要求对方至少出 10 名开发人员，刚进来的人都是笔者面试的，后来项目紧，再进来的人笔者也没再把关，直接让外包公司带队的项目经理把关了。在项目封闭开发期间，因为有的功能实现太慢，笔者就找到负责这块功能的技术人员，看他如何实现的，这才发现，这个人是一个"菜鸟"。原来外包团队为了节省成本并且凑够人数，找了一些水平低的人滥竽充数。当时笔者找到外包方项目经理说明情况要求换人，但因为是年底了，他们也以很难找到水平高的人进来为由，就拖了下来。再说后台，笔者与客户一直在讨论前台功能，对后台的功能有所疏忽，笔者就让外包公司的项目经理带人负责设计、开发。当笔者忙完其他工作后，想要看一下设计的后台效果时，项目经理却以正在开发为借口，迟迟没有给笔者看效果。原因就是他们想尽快做完，怕笔者看后再提出其他要求，因为利益不同，导致各方思想不统一，给项目也带来了诸多麻烦。

**问题七：项目时间紧，经费少。**

以前，笔者做过对日外包项目，那里也经常加班，但日方给的需求、设计的时间都是比较充足的，他们对需求、设计非常看重，可能也是因为客户方在日本，不在现场，需求不好把控，他们就尽量把文档整理得特别细致。细致到什么程度呢？我们看到的详细设计文档都可以直接编码，都不用细想了，基本上就是伪代码。中国软件行业的特点就是快，客户大多对软件开发过程不了解，认为一个月就可以出一个产品。在谈合作时，基本上就是谈完需求后，再谈的就是两件事——多少钱，多长时间。价报高了不行，有比你出的更低的，一些小公司不计成本地接项目，导致行业恶性竞争严重；时间报长了不行，客户们要么不做，要做就得马上出来，给的时间就几个月，你都不好意思说半年或者一年，这就是中国软件开发行业的现状。

继续我们的案例。

年后，笔者带着团队与客户继续沟通，新问题出现了：我们做的房产项目刚上线时不能没有房源数据，得找资源。于是，项目暂停下来，我们先与外包公司协商，让技术人员先回去，当项目再启动时，人员再过来。因为客户不太懂 IT 技术，所以笔者的职责就变成给客户做技术支持，我们一起去找房产数据公司谈合作。另外，房子的价格与地理位置关系比较大，为了更直观地展示房产的地理位置信息，产品中得有地图，于是，笔者开始帮助客户协调地图公司。另外，房子要想在网上销售，得尽可能地让买方多了解房子内部信息，于是，笔者又协调三方公司引进 360º 房子内部的全景展示。笔者在这段时间做的事情基本上就是协调资源、评估可行性、出各种报告及文档。

经过集体的努力，项目又向良性的方向发展了，房源数据和地图信息也都搞定了。有的读者可能要问，地图还用搞定啊，百度地图等不都是免费的吗？因为我们的房产平台是要引进政策资源的，有相应的国企背景，因此最好还是与同样是政府背景的平台合作比较好。资源协调完了，房源数据有了，地图数据也有了；而 360° 室内展示功能因采集工作复杂、工作量大没有做。此时外包公司的技术人员也回来了继续做项目，这时新的问题来了。

一个问题是，过完年，外包团队中有两名骨干人员离职了，还有的技术人员被他们派去开发其他项目，调不回来了。另一个问题是，我们的项目已经根据之前讨论的需求进行了设计、开发，程序都是根据自己设计的数据库开发的，新买来的房源数据的数据库与我们的数据库结构完全不同。而且，在对方的数据库中，光数据表就有三百多张，对方只提供数据和每个表的字段说明，表关系完全没有，我们买回来的只是一堆数据。但我们的客户并没有认识到问题的严重性，他们以为有了房源数据就可以了，还想着将来做房产的数据分析，做房产大数据。没有表结构、表关系，数据看都看不懂，三百多张表怎么分析。其实，在与数据公司谈合作时笔者已经出过报告并解释过，但确实没有其他的数据公司能提供这么全面的房源数据了，我们别无选择。另外，客户与数据提供商相互之间有一定的信任关系，本身是愿意一起合作的。作为开发方，不能因为有困难而不做，还得继续。我们得想办法解决问题，原则是我们的表结构不能动，要是动了以前开发的程序都白做了。另外，我们要把所有的房源数据都导入我们的表里，所以得研究数据公司提供的与房源有关的表结构。还有一个问题，数据公司在合同规定的时间内会把新采集的房源数据继续生成给我们，新生成的数据也得转换结构。具体解决办法就不细说了，此处省略一万字……

**问题八：先干了再说，没有全局考虑。**

客户把一个项目包出去后，他不管是怎么做的，只看结果，并且希望你赶紧做出来东西，至于今后可能出现的问题，等出现了再说，反正他们也不太懂，出了问题你就得给解决。就像在这个案例中，第三方房源数据公司的出现，打破了现有的平衡，为项目带来了大量的额外工作量。有的时候产品经理很被动，不能让客户都万事俱备了再来谈合作，因为那样做的话，项目就不会是你的了。

**问题九：人员变动。**

人作为项目资源，具有流动性，外包公司人员的离职，以及原开发人员被分配到其他项目组，给项目带来了额外的不确定性。外包公司考虑的是人员成本，他们不会因为项目的原因把人给你留着，他们一有新项目马上就会把人分配出去，到时候抓狂的只有产品经理。

**问题十：项目经理的控制力问题。**

当多名骨干技术人员离开后，项目开始变得难以控制了，之前虽然有大量的文档和产品原型，但在紧张的开发周期内，没有太多时间让人细细理解、细细分析。有问题的话就直接问，有的人离开了，就只能看代码。为了推动项目的开展，团队成员只能硬着头皮往前推动。代码开始变得不好管理，虽然之前做了各种版本的管理，随着系统的变大，人员的变化，文档、代码、数据的管理也变得复杂。

后面还发生过其他问题这里就不细说了。对于导致项目进行困难的原因还有很多，严重的还有可能导致项目失败。只是在这个项目中没有出现。

下面是在其他项目中经常遇到的一些问题。

**问题十一：需求变更频繁。**

在很多项目中，客户经常修改需求，我们经常遇到的情况是：我们接触的客户代表并不是拍板的人，当一起讨论、开发的功能出来后，领导一看，不满意，还得改，然后就是开发人员没日没夜地加班。这还算好的，有的时候当功能全做完后，客户提出来方向错了，这种情况通常让人抓狂。

### 问题十二：沟通不顺畅。

有时候，当我们与客户沟通后，开始整理需求，然后设计产品原型，想要再与客户沟通以确定是否正确时，客户出差了，只能等。两个星期后客户回来了，再沟通，再确定。修改完不一致的内容后，再找客户，他告诉我们："最近有领导检查，没时间弄这件事儿"，然后我们只能再等……

### 问题十三：信息传递过程失真。

记得在一档真人秀节目中有一个游戏环节，让一个中国人说一个成语，一个外国人听后再告诉给下一个中国人，然后这个中国人再告诉给下一个外国人，经过 6 个人后，最后一个人已经不知道第一个人说的是什么了。

经过下图所示的这些流程后，你猜最后理解的人与客户最初说的还是一回事儿吗？

客户 ➝ 产品经理 ➝ 项目经理 ➝ 设计人员 ➝ 开发人员 ➝ 测试人员 ➝ 技术支持

在实际沟通中存在两个层面的问题，一个是客户层面，另一个维度是开发公司内部层面。客户也是有不同部门、不同领导的，每个人想要的、想做的都是一样的吗？他们将信息传递给我们，我们接收、理解的就是真正的需求吗？然后这个不一定是正确的需求就一道道地传递下去，到了最后会变成什么样呢？

### 问题十三：需求被放大或缩小。

需求是一个很难被正确衡量的东西，于是我们就开始写文档、做原型，试图把它立体化，丰满起来的需求就更加真实而直观了。但许多产品经理或需求人员经常爱炫耀一些小技巧，给原型加一些特效或功能，这还算好的。有的时候我们根本就没弄懂需求，需求或者被我们放大了或者被我们缩小了，在没有很好地确认需求后，就产生了一连串错误。最后的结果是什么呢？产品经理被一群程序员、设计师们"围殴"。

### 问题十四：利益纷争。

不管是在客户方，还是在自己的公司，当公司规模达到一定程度时，都会出现派系之争和利益之争，大家互相争抢资源，宁肯自己的人剩下，也不愿意帮助其他团队。

项目是复杂的，以上的问题你遇到过吗？遇到几个？你要是还没遇到过，那么说明你还是新手，我们这些"老鸟"们已经练成金刚不坏之身了。兵来将挡，产品经理需要通过自己的智慧化解这一个个难题。

对了，有的读者会问，最后房产平台怎么样了？房产平台最后上线了，现在运行得也挺好的，经过努力，困难也一一解决了。兄弟们的付出没有白费，每个人都是从一个个项目中慢慢成长起来的。没有风雨，怎么会见彩虹？

# 反侵权盗版声明

电子工业出版社依法对本作品享有专有出版权。任何未经权利人书面许可，复制、销售或通过信息网络传播本作品的行为；歪曲、篡改、剽窃本作品的行为，均违反《中华人民共和国著作权法》，其行为人应承担相应的民事责任和行政责任，构成犯罪的，将被依法追究刑事责任。

为了维护市场秩序，保护权利人的合法权益，我社将依法查处和打击侵权盗版的单位和个人。欢迎社会各界人士积极举报侵权盗版行为，本社将奖励举报有功人员，并保证举报人的信息不被泄露。

举报电话：（010）88254396；（010）88258888

传　　真：（010）88254397

E-mail：　dbqq@phei.com.cn

通信地址：北京市万寿路 173 信箱

　　　　　电子工业出版社总编办公室

邮　　编：100036